大数据背景下
高职会计教学改革与创新研究

李文英　著

吉林出版集团股份有限公司
全国百佳图书出版单位

图书在版编目（CIP）数据

大数据背景下高职会计教学改革与创新研究 / 李文英著. -- 长春 : 吉林出版集团股份有限公司, 2023.9
ISBN 978-7-5731-4356-3

Ⅰ.①大… Ⅱ.①李… Ⅲ.①会计学—教学改革—研究—高等职业教育 Ⅳ.①F230-4

中国版本图书馆CIP数据核字(2023)第189551号

大数据背景下高职会计教学改革与创新研究

DASHUJU BEIJING XIA GAOZHI KUAIJI JIAOXUE GAIGE YU CHUANGXIN YANJIU

著　　者　李文英
责任编辑　张西琳
助理编辑　米庆丰
开　　本　710 mm × 1000 mm　1/16
印　　张　11.5
字　　数　200千字
版　　次　2023年9月第1版
印　　次　2023年9月第1次印刷

出　　版　吉林出版集团股份有限公司
发　　行　吉林音像出版社有限责任公司
　　　　　（吉林省长春市南关区福祉大路5788号）
电　　话　0431-81629667
印　　刷　吉林省信诚印刷有限公司

ISBN 978-7-5731-4356-3　　定　　价　68.00元

如发现印装质量问题，影响阅读，请与出版社联系调换。

前言 PREFACE

随着时代的发展和社会的进步，我们已经进入了大数据时代，大数据不仅给我们带来了海量数据，还呈现出隐藏在其背后的诸多秘密或规律。这些数据的获取建立在互联网技术快速发展的基础上，建立在各种社交软件的使用上，还建立在人类对社会规律的不断探索上。在新的历史发展环境下，现在的人们更加了解自己，但这仅是大数据推进人类社会发展与进步的开始。

"教育要面向现代化，面向未来"，教育信息化，是教育发展的必然趋势，高职教师信息化教学能力水平的高低直接关系到教师专业化发展与高素质人才的培养。高职教师的教育思想、教学观念、知识结构与教学技能需全面提升。实现信息化先进技术与课程学习的目标整合、内容整合。采用开放、协作、创新、分享的互联网思维来重新审视教学改革。充分分析学生的现状、需求、习惯，开创更具有实施应用价值的教学模式，开放的自主学习平台、网络课程、虚拟的视频课程教室、仿真实训平台等，激发学生的学习兴趣。

本书以大数据背景下高职会计中的教学改革和创新为重点研究内容，以会计教学改革为宏观主题，深入探究高职会计改革创新的前沿理论。本书内容框架完善，每一个章节都做了详细的阐述与分析，为高职会计教学改革与创新研究建构了可以借鉴的理论框架。该书可作为高职师生教学用书或参考书。

本书在编写过程中由于时间仓促，加之作者能力有限，书中难免存在不足之处，望广大读者批评指正。

李文英

2023 年 3 月

目 录 CONTENTS

第一章

大数据背景下高职会计
教学概论

网络的逐渐普及加速了信息数据时代的到来，传统意义上的会计发展模式已经在各个方面被社会所淘汰。在当今互联网时代，信息的快速传播已经成为每个企业发展的关键因素之一。因此，事关企业经营效益的财务部门以及数据信息的流通已经成为企业发展的重中之重。

第一节　大数据的概念

一、大数据的产生过程

随着时代的进步与科技的发展，大数据广泛应用于我们的日常生活中。常见的大数据是网络数据，如 QQ、微博等社交平台上的数据，用户发送消息后，好友能够即时与其互动。随着数据数量的持续增长，电子商务交易数据也成为大数据的一种，这一数据具有实时生成、急剧增加的特点，便利店、百货超市、购物中心的售卖记录与购买信息数据都属于这一类型。另外，企业在进行管理工作时会制造出大量的数据，金融服务业的业务交易数据数量也十分庞大。可以看到，互联网的普及与数字时代的来临使人们的生活发生了巨大的改变，同时也促进了社会生产的进步。总体上看，我们所使用的数据生成模式经历了三个阶段的变革，具体内容如下。

第一阶段是运营式发展阶段。这一阶段以数据库技术为基础，当数据库运用于各行各业，数据管理工作则变得更加精准，数据管理过程也得到简化。一般而言，运营式系统多借助数据库，因为数据库是运营系统的子系统，能够为数据的管理作出突出贡献。例如，银行的业务交易记录系统、医院的看病记录系统都应用了数据库。数据库被运营式系统用于数据管理工作后，其所能获取的数据数量急剧上升，但这种数据不是主动产生的，需要人为控制。

第二阶段是用户主动创造内容阶段。信息技术的广泛应用极大地改变了人们的日常生产生活。随着大数据时代的到来，网络使用者数量有了巨大的提升，人们可以借助 QQ、微信等平台展开互动交流。这一阶段是人们主动上传行为数据的阶段。智能手机与平板电脑在人们生活中的普及则标志着移动时代的来临，随之出现了许多全新的移动终端设备。这一阶段的数据增长来源于两个方面：一是用户自主提交的行为数据；二是人们与亲戚朋友的互动产生的数据。这些数据具有强大的传播力且是主动产生的。

第三阶段是感知式系统阶段。这一阶段的数据数量有了很大的增长，标志着大数据时代真正到来。科技的巨大变革使人们拥有了更高的能力，人们发明出体积小却具备处理功能的传感器。传感器则凭借其优势得到了各个行业的青睐，其既能够实现对整个社会的实时监控，又能够持续上传新的数据。这一阶段的数据是自动产生的。

综合整个数据产生的发展过程可以发现：数据产生方式从被动、主动逐渐发展为自动，这表明运营式系统、用户原创内容系统、感知式系统的升级进步。可以说，大数据的数据来源于以上三种方式，但感知式系统的数据对大数据的生成起着决定性作用。

二、大数据的概念界定

（一）大数据的定义

大数据是当前数据分析领域的领先技术，IT 行业中的大数据、数据分析、数据安全等都受到了极大的关注。大数据不仅涵盖网上的所有信息，更重要的是还包括广泛应用于生活中的传感器所持续、实时上传的大量数据。在新的处理模式下，大数据对信息决策与观察起着决定性的作用，其可以简化流程、提高速度，使来自各个途径的大量信息资源得到处理。总之，大数据技术可以对不同类型数据进行分析和处理，让人们得到有用的信息。随着网络、传感器与服务器等设备的不断更新升级，大数据技术借助这些设备渗透到企业的实际运营中，为企业带来了无法估量的经济收入，创造了极大的社会价值。

认清信息和数据的辩证关系至关重要，它们的关系十分紧密，信息以数据为载体，数据经由信息反映出来。知识历经归纳与整理两个环节，最后生成反映社会规律的信息。20 世纪 60 年代，软件科学创造了许多成果，数据库就是其中之一，之后所有的文本、视频等都可以储存在数据库中，数据因此逐渐用来指代一切"文本、视频、图片、数字"。通俗地说，对数据进行加工就会形成信息，也就是说信息是经过数据处理产生的结果。信息体现数据的内涵，而数据是信息的存在形式，数据本身不具有任何意义，只有当数据与人们的行为发生反应时才能变成信息。信息能够以独立的形式存在，且在离开信息系统的每个组成阶段时都具有这一性质。

（二）大数据的分类

大数据根据来源可分为四种类型，即互联网数据、科研数据、感知数据、企业数据。互联网数据特别是社会平台占据了大数据的主要部分。大数据技术的升级与国际互联网公司的发展密切相关。科研数据的主要来源是拥有超高计算速度和杰出性能设备的研究机构，天文望远镜或者强子对撞机就属于这类设备。虽然感知数据和互联网数据的重合程度不断加深，但是感知数据的规模非常庞大，甚至比社会平台的数据还要多。企业数据有多种类型，因此企业也能够借助互联网收集许多感知数据，并且数据增长速度非常快。企业外部数据能够收集社会平台数据，内部数据则由结构化数据与非结构化数据共同组成，而且非结构化数据占比不断增加。企业数据已经从最开始的邮件与文档等发展到社会平台和感知数据，而且这些数据具有多样化形式，如视频、音频、图片等。

三、大数据的技术组成

大数据技术可以分为大数据工程、大数据科学与大数据应用。大数据工程就是指大数据的规划建设运营管理的系统工程。大数据科学致力于发现在大数据不断发展与运行中存在的规律，并且对大数据和人类活动之间的关系进行检验。大数据应用指的是将大数据技术投入人类社会生活的应用之中，以帮助社会大众解决现实问题。大数据要求对庞大的数据实现高效处理，如云计算平台、分布式数据库、大规模并行处理数据库、可扩展的存储系统、分布式文件系统与数据挖掘电网等。现在进行大数据分析所使用的工具来自两个生态圈，即开源和商用，随着人们对大量数据处理的需求不断增大，大数据技术也不断升级，储存与处理技术、有关分析算法研发及超级计算机的出现使大数据在社会各领域的运营成为可能。

综合来看，大数据技术指的是能够从大规模的数据中提取出有用信息的科学技术。这些年，与大数据相关的新技术不断被开发研制出来，社会各行各业也愈加重视大数据技术，而新技术的出现也有效推动了大数据的收集、储存、分析处理与使用等工作的进行。具体而言，大数据应用过程中最常使用的技术有以下几种：大数据收集技术、大数据分析与挖掘技术、大数据展示与使用技术、大数据储存与管理技术以及大数据预处理技术。

（一）大数据收集技术

大数据收集包括两个层次，一个是智能感知层，另一个是基础支撑层。智能感知层能够对不同类别的庞大数据进行感知，可以感知的数据类型包括结构化数据、半结构化数据以及其他数据类别。智能感知层的运行过程包括多个阶段，其先对不同类别的数据进行自动识别，然后对大数据进行定位、跟踪与访问、上传、转换信号、监测、初步处理与管理。基础支撑层指的是为大数据提供数据和资源支撑的系统环境，具体包括计算存储资源、关系型数据库、列式数据库、中间件、大数据处理平台等，既包括软件支撑环境，又包括硬件支撑环境。

（二）大数据分析与挖掘技术

大数据分析的目的是通过对庞大数据的分析，从中发现一些有价值的信息，为用户适应环境改变提供帮助，从而提高决策的准确性和合理性。大数据分析技术由下面五个要素构成。第一是可视化分析。当人们应用大数据分析时，不管是专业人员还是一般用户，都需要用到可视化分析。数据可视化分析能够使结果更加直观，让人们读懂数据。第二是数据挖掘。它是大数据分析形成的理论基础。不同类型的算法能够增强我们分析数据的能力，提取出数据中的有效信息，发挥数据的价值。这些算法既可以处理大规模的数据，又可以使数据处理速度实现最大化的提高。第三是预测分析能力。专业人员在开展预测性分析工作时，需要使用之前通过数据分析与挖掘得到的结果，从而对之后的形势做出预测性判断。第四是语义引擎。它在设计时要注重人工智能功能的研发，使其可以自动对数据进行信息提炼，找出数据的规律。第五是数据质量与数据管理。当前的社会生活中每天都会产生大量的数据，想要在大量的数据中找到有价值的信息，需要增强数据质量与数据管理水平。

（三）大数据展示与使用技术

随着社会中数据规模急剧扩大，人们通过大数据技术便能发现蕴藏于庞大数据中的信息与知识。这些信息与知识可以为人们进行各项活动提供参考，有利于增强社会各行业的运营效率。大数据主要应用于公共服务、市场销售及商业智能等领域。

我们有理由相信，随着大数据使用范围的不断扩展，大数据技术将得到改进和优化，从而与更多的行业领域相融合。

（四）大数据储存与管理技术

当用户需要对收集的各类数据进行储存，构建专门的数据库，对大数据进行管理与调配时，储存与管理技术就显得十分必要。在处理复杂的非结构化数据、半结构化数据与结构化数据时，加强储存与管理技术在这些数据上的使用和研究也非常必要。如今，大数据技术中受到众多关注的技术主要包括索引技术、安全管理技术与新型数据库技术。

（五）大数据预处理技术

当用户使用上述收集技术收集到庞大的数据后，需要使用大数据预处理技术，这一技术一般应用于那些已经接收的数据。大数据预处理主要包括四个环节，即数据清理、数据集成、数据变换、数据规约。其中，数据清理的内容包括噪声数据、不相同数据以及数据中的遗漏值，这一环节能够为之后的数据分析、挖掘工作打下精确、系统、清晰的数据基础。

四、大数据研究的范围

（一）理论研究层面

理论研究层面主要包括大数据的特点和总体情况、大数据的经济价值研究、大数据的发展等方面。

（二）技术研究层面

第一，分布式处理技术/分布式处理平台。这一技术能够使位置、功能、数据不相同的计算机进行协调合作，通过对计算机的控制系统进行调控，达到对数据分析和处理的目的。第二，数据挖掘。它是数据处理时的关键步骤，也称数据勘探、数据采矿。这一环节主要进行知识挖掘，能够在庞大的、复杂的、无规律的数据中挖掘出暗藏的、不为人知的、有用的数据。电商平台就对数据挖掘有着广泛的应用。在消费者浏览了许多商品并购买完成后，电商平台能够通过收集客户的浏览信息，了解客户的特征、喜好。第三，云计算。云计算的功能是给数据资源以储存、访问的平台。简单地说，云计算建构出了数据所需要的基础架构平台，使大数据的使用成为可能。第四，个人的大数据。个人的大数据指的是人们在使用网络时所产生的一系列数据，常见的有人们的注册信息、登录用户名、密码、历史记录等。这些数据都能被储存在数据库里，但也存在数据被他人非法获取而导致个人隐私泄露的情况。第五，储存技术。它为大数据的分析和处理提供了基本保障。如互联网巨头谷歌与百度都有几十万台的服务器与硬盘，而且它们的储存设备一直在持续增加，为其进行技术开发创造了条件。

（三）实践研究层面

第一，政府的大数据。政府部门有着社会各方面的大量数据，如天气、教育、医疗、税收以及交通等。如果这些数据能够得到合理的运用，它们的价值便能得到最大的实现。第二，企业的大数据。企业管理层局限于报表数据，更期待得到对经营决策有帮助的大数据，尤其是实时的大数据，而不是那些已经过时的数据。第三，互联网的大数据。根据有关调查，每年互联网的数据规模都比前一年增加一半。阿里巴巴凭借淘宝与支付宝获得了许多交易数据与信用数据，腾讯凭借微信和 QQ 获得了许多用户的数据。以上数据都能够用来对人们的行为习惯进行分析，通过数据挖掘来获取有用的信息。

（四）大数据的内涵探究层面

从人类的认识史层面分析，不难发现，信息的认识史实际上反映了人类的认识能力不断提高和实践不断拓展的过程。人类社会曾出现过四次信息革命。第一次信息革命以语言的出现为标志。语言作为人们进行实时交流与信息沟通的手段，促进了人际关系的构建，使人们对世界有了更清楚的了解。语言的出现反映了人们认识和表达世界的需要，而且反过来给世界带来变化，可以说，语言是人们思维产生的基础。但是，语言具有一定的不足与缺陷，即语言无法打破时空限制。第二次信息革命以文字的发明和造纸与印刷技术的出现为标志。这一次革命使人们的思想打破了时空的约束，能够跨越时空传播，但是文字的传播离不开大量的交流成本与传播成本。第三次信息革命以通信的出现为标志。电报、广播、电视使文字、声音与图像可以长距离实时传播，为之后的计算机和互联网的出现提供了基础。第四次信息革命以电子计算机和互联网的出现为标志。这是一次历史性的结合，其特征是把一些信息转化为数据，以数字的形式进行表达，运用逻辑关系进行建构。信息技术与电子计算机的完美结合大幅度提升了信息传播与处理的速度，同时，人们对信息的掌握与使用的能力也有了极大的提升，此时人类正式迈入信息社会。

第二节　大数据的发展历程

一、大数据展望研究

对并行数据库来说，其扩展性近年虽有较大改善，但距离大数据的分析需求仍有较大差距。因此，改善并行数据库的扩展能力是一项非常有挑战性的工作，该项研究将同时涉及数据一致性协议、容错性、性能等数据库领域的诸多方面。

混合式架构方案可以复用已有成果，开发量较小，但只是简单的功能集成似乎并不能有效解决大数据的分析问题，因此该方向还需要进行更加深入的研究，例如，从数据模型及查询处理模式上进行研究，使两者能较自然地结合起来，这将是一项非常有意义的工作。

相比于前两者，MapReduce① 的性能优化进展迅速，其性能正逐步逼近关系数据库。该研究又分为两个方向：理论界侧重于利用关系数据库技术及理论改善 MapReduce 的性能；工业界侧重基于 MapReduce 平台开发高效的应用软件。针对数据仓库领域，可认为如下几个研究方向比较重要，且目前研究还较少涉及。

（一）多维数据的预计算

MapReduce 更多针对的是一次性分析操作。大数据上的分析操作虽然难以预测，但基于报表和多维数据的分析仍占多数。因此，MapReduce 平台也可以利用预计算等手段加快数据分析的速度。基于存储空间的考虑，多维联机分析处理（MOLAP）是不可取的，混合式（OLAP）应该是 MapReduce 平台的优选 OLAP 实现方案。具体研究如下：①基于 MapReduce 框架的高效 Cube 计算算法；②物化视图的选择问题，即选择物体的哪些数据问题；③不同分析的物化手段（如预测分析操作的物化）及怎样基于物化的数据进行复杂分析操作（如数据访问路径的选择问题）。

（二）各种分析操作的并行化实现

大数据分析需要高效的复杂统计分析功能的支持。国际商业机器公司（IBM）将开源统计分析软件 R 集成进分布式系统基础架构（Hadoop）平台，

---

① MapReduce 是一种编程模型，用于大规模数据集（大于 1TB）的并行运算。

增强了 Hadoop 的统计分析功能。但更具挑战性的问题是，怎样基于 MapReduce 框架设计可并行化的、高效的分析算法，尤其需要强调的是，鉴于移动数据的巨大代价，这些算法应基于移动计算的方式来实现。

（三）查询共享

MapReduce 采用步步物化的处理方式，导致其输入/输出端口（I/O）代价及网络传输代价较高。一种有效降低该代价的方式是在多个查询间共享物化的中间结果，甚至原始数据，以分摊代价并避免重复计算。因此，怎样在多查询间共享中间结果将是一项非常有实际应用价值的研究。

（四）用户接口

实现数据分析的展示和操作，尤其是复杂分析操作的直观展示。

（五）Hadoop 可靠性研究

当前 Hadoop 采用主从结构，由此决定了主节点一旦失效，将会出现整个系统失效的局面。因此，怎样在不影响 Hadoop 现有实现的前提下，提高主节点的可靠性，将是一项切实的研究。

（六）数据压缩

MapReduce 的执行模型决定了其性能取决于 I/O 和网络传输代价。由实验发现，压缩技术并没有改善 Hadoop 的性能。但实际情况是，压缩不仅可以节省空间、节省 I/O 及网络带宽，还可以利用当前 CPU 的多核并行计算能力，平衡 I/O 和 CPU 的处理能力，从而提高性能。例如，并行数据库利用数据压缩后，性能往往可以大幅提升。

（七）多维索引研究

怎样基于 MapReduce 框架实现多维索引，加快多维数据的检索速度。

当然，仍有许多其他研究工作，如基于 Hadoop 的实时数据分析、弹性研究、数据一致性研究等，都是非常有挑战和意义的研究。

二、分析大数据市场

从行业需求的场景来看，未来大数据需求主要集中在金融行业中的数据模型分析、电子商务行业中的用户行为分析、政府部门中的城市监控、能源行业中的能源勘探等。

随着多数用户在一年内计划部署大数据解决方案的增加，用户对大数据方案的投资也会逐渐增加。

三、进军大数据

（一）传统厂商的研发

大数据带来的商业机遇被越来越多的厂商看重，传统 IT 厂商陆续推出大数据产品及解决方案，引入多年技术积累和客户资源。同时大数据新兴企业不断涌现，大有超越前者之势。

以 IBM、甲骨文、英特尔、微软为代表的老牌 IT 厂商将业务触角伸向大数据产业，推出软件、硬件及软硬件一体化的行业解决方案。其中既包括对 Hadoop 等开源大数据技术的集成，也包括各大厂商独有的创新技术。收购也是 IT 巨头进入大数据市场的敲门砖。

这些老牌 IT 厂商技术实力不俗，产品线丰富，在各个领域都发挥着重要作用。进军大数据市场，既拥有雄厚的技术底蕴，也能够让客户更容易地接受其产品或解决方案，逐渐成为大数据产业发展的主力军。

（二）新兴企业不断涌现

与那些老牌 IT 厂商不同，大数据市场还吸引了许多新兴企业的加盟。面对大数据带来的无限商机，初创公司开始挖掘大数据的商业价值，推出别具一格的产品或解决方案。

新兴企业拥有独特的技术优势，是传统 IT 企业所不具有的。相对于 IT 巨头，新兴企业更能够从细化的角度服务企业，向企业提供更专业的大数据服务。因此，在充满机遇的大数据市场，新兴企业完全有可能超越 IT 巨头，在短时间内获得市场的认可。

四、大数据将引导 IT 支出

大数据影响最显著的对象是社交网络分析和内容分析，每年在这方面发生的新支出高达 45%。多年前，在 IT 预算以外的技术支出仅占技术总支出的 20%；几年之后，IT 预算以外的技术支出几乎将占到总技术支出的 90%。组织将会设立首席数据官一角来参与业务部门的领导工作。

未来占市场支配地位的消费者社交网络将会触碰增长的天花板。但是，社交计算会变得越来越重要，企业会将社交媒体作为一个必选项来设立。

社交计算正在从组织的边缘向业务运营的核心深入。它正在改变管理的基本原则，即如何设立一种目标意识，激励人们采取行动。社交计算将会让组织摆脱层级结构，让各种团队可以跨越任何意义上的组织边界形成互动的社区。

五、数据将变得更加重要

(一) 大数据将变得更加重要

非结构化数据将继续强劲增长是不言而喻的。因此，我们将继续看到集成分析和非结构化数据存储的新产品。随着用户需要更多的性能选择以及寻求替代的产品以满足自己具体的大数据需求，大数据将扩展到以分布式计算为重点的市场。

(二) 云备份技术成熟起来

企业接受云解决方案以及对云解决方案好处的理解已经创建了一个在线备份的热门市场。采用主动目录集成、用户群管理以及在线备份现在已成为大企业的一个必然选择。

(三) 混合备份将发展

企业已经非常了解云计算能够在什么地方实现其最有效的用处，即找到最好提供什么功能和哪些功能最能实现其承诺的平衡点。对于大企业来说，寻找平衡点肯定会导致混合的环境。在这种环境中，云解决方案用于分散的员工和办公室，现场安装的解决方案用于网络备份。对于小型机构来说，用于数据备份和访问的云解决方案将与用于存档的本地存储解决方案结合在一起。

（四）更好的信息移动性

云环境的扩展意味着企业 IT 数据中心和云服务提供商之间需要建立更好的关系。专家预测，数据和应用移动性能够让机构迁移其虚拟应用的概念成为常态。企业将部署具有高度移动性和严格保护措施的双主机数据中心配置，把一些工作量永久性地或者临时地卸载到云或者卸载到服务提供商。

（五）分层存储将更高级

随着科学技术不断发展，分层次的存储将变得更加高级。专家说，多层次的固态硬盘存储将在高性能数据中心普遍应用。随着用户有更多的存储数据的介质类型，集成度很高的多层文件存储选择将越来越重要。

（六）横向扩展网络附加存储继续依靠大数据发展

横向扩展网络附加存储一直依靠大数据繁荣发展。这种趋势将继续下去。专家说，我们已经看到人们转向使用专有的开源软件技术在横向扩展网络附加存储的基础上创建私有云。

第三节　大数据背景下高职会计教学的发展现状

自改革开放以来，我国经济发展速度不断加快，新经济社会的到来对会计人才的要求也不断提高。会计从业考试门槛不高，具有普通会计技能的人员越来越多，但是这些人员无法适应现在企业及社会经济的发展，甚至出现"普通会计人员供过于求、高素质会计人员供不应求"的现象。社会对高素质会计人才的需求不断增加，这也要求高职院校制定出更高层次的会计教学培养方案。以下我们将探讨目前的高职会计教学现状及发展建议。

一、目前高职教育院校会计技能教学现状

（一）非财经类专业高职对会计专业的不重视

长时间以来，我国部分高职院校建设都是以一种或小部分专业为重点发展目标，打造专业高职院校。非财经类高职同样开设会计专业，并进行规模招生，但对会计技能教学的重视程度不够，只是简单地进行普通会计技能的教学，导致从该高职出来的会计专业学生会计素质不高，无法适应现代社会的需求，无法更好地就业，从而转向其他就业方向。学而不精，学而无用，就业不对口现象层出不穷。

（二）重理论、轻实践现象严重

一直以来，我国高职教育中很多专业沿用传统的教学模式，在这种教学模式下，学生学到的只是课本的理论，但是对于课本之外的实际工作的指导很少，学生缺少将理论运用到实践的机会。在这样的教学中，学生不敢变通，也不懂变通。没有实践的教学就是一个空架子，根本没有灵魂，更不会培养出高素质的会计人才。

（三）会计技能实践基地不完善

我国部分高职院校没有自己的教学实践基地，导致学生学习的课本知识无法发挥，缺乏动手操作的机会，没有实际工作的经验，很难与企业相对接，在以后的实习和工作中显得尤为困难，这也使优秀的学生很难进入好的企业工作。此外，部分高职院校虽然拥有自己的会计实训实验室，但是这个实验室与其他会计相关部门相脱离，只是一个单独的手工账操作实验室，且硬件设施有限，没有真实的会计工作环境，锻炼的还是学生的普通会计知识技能。

（四）财务软件缺乏先进性

会计工作者应该顺应社会发展的要求不断提高自身的专业素质，时代的

变化使会计这个行业也不断变化，很多知识都在更新。会计软件的开发和更新使会计工作更加便利，但是很多高职院校的会计教学软件还是最早的旧版本，这严重制约了会计教学的先进性和及时性，严重制约了学生自身素质的提高，学生学不到最新的技能知识，就无法适应现代的会计工作。

二、高职会计技能教学发展与创新建议

（一）会计技能知识教材化

目前，大多数高职教学会计教材内容不丰富，知识不健全，对学生的会计技能的掌握并没有太大的帮助。学校应按实际情况自行编纂或采购具有实用性、多样性的教材，在教学中提高学生的会计技能水平，提高实际工作能力。学校也应关注会计制度改革，及时更新教学标准，确保教学知识不落后，提高教学效率。

（二）完善教学基地建设

目前，部分高职学校拥有自己的会计教学实验室，但是实验室相对落后，如教室面积小、教学设备落后等。要提高学生职业素质，学校就要在教学基地建设方面加大投入，建设设备先进、齐全的实验室是首要解决的问题，这样才能为学生提供良好的学习环境。此外，学校可采用校企合作的方式，这能为学生提供真实的会计工作环境，锻炼和提高他们的会计技能。

（三）优化教学软件

目前市场上的会计软件众多，其质量也是参差不齐。由于会计软件的质量会影响会计技能教学的质量，因此高职院校在进行会计技能教学时应选择高质量的会计软件。国内会计行业不断发展变化，会计软件也在不断地升级换代，所以高职院校在软件使用期间要及时更新维护，让学生接触到真实的会计环境，让学生真实地处理会计问题，这对提高学生的会计技能素养有很大帮助。

（四）会计技能竞赛常态化

我国每年都会有国家级或省市级的会计技能竞赛，为加强学生会计技能

的学习，学校应积极鼓励同学们参加，并为同学们提供良好的比赛环境。学校内部也应开展定期与不定期的会计技能比赛，并奖励表现优秀的学生，以激励其他学生努力学习，提高自己的会计技能素养。

现代社会发展很快，国家、社会、企业都需要更多的高素质会计人才，为充分满足社会对高素质会计人才的需要，就要求高职院校努力创新会计教学方法，提高教学质量，完善教学条件，培养学生的学习积极性与深入探究的意识，让会计技能教学向更高的层次转变。这样才能培育出一批有能力、高素质的会计人才，从而推动会计教育的发展。

第二章

大数据背景下高职会计
教学改革的理论需求

会计教学所处的是多层次、多方位的环境，不同教学环境之间是一种纵横交错、相互制约的关系，直接影响着会计教育的发展。在当前，以全球化、网络化、高新技术化和知识化为显著特征的新经济时代，无疑使会计教学环境具有构成复杂、变化快速等特点。当前复杂的会计教学背景要求会计教师不仅要分析和研究教学环境因素，还应具有应对教学环境变化、科学合理组织会计教学的能力，不断提升学生的环境适应能力、利用能力以及应变能力，培养出能够适应会计环境变化的合格人才。

第一节　高职会计教学改革的需求分析

一、高职院校会计教学环境分析

教学环境就是影响教学活动的外部条件。在现代教育技术条件下，教学环境包含两个方面的要素，即各类资源和递授系统。当前，我国高职院校会计教学要特别注意以下环境因素的变化和影响。

（一）社会环境变化对会计教学的挑战

社会环境对会计的发展产生的影响不仅是具体的，还是直接的。政治体制的不同影响着政府对经济资源的控制与管理，在宏观上，表现在对经济资源的控制与管理方面有着不同的要求和侧重点；在微观上，不仅在对资产的确认和计量方面不尽相同，在会计的核算和处理方法上也有所不同。随着市场经济体制的确立和改革开放进程的加快，金融市场的作用变得更加重要。伴随着我国金融市场的不断发展，金融资本的作用越发增强，诸如银行会计、证券公司会计等金融业会计显得越发重要，相应的金融业会计等方面的内容，也必须纳入高职会计教学中，相关教学内容也要随着经济的发展不断进行充实。

（二）全球经济一体化对会计教学的挑战

全球经济一体化是指超越国界的世界经济活动，是资本、商品、劳务及信息为实现资源最佳配置的自由流动,世界贸易组织(WTO)将世界经济一体化作为重要目标之一。会计作为一种通用的商业语言,可以比作资本跨国界流动中的"润滑剂",随着经济全球化进程的发展,会计由一国之内"通用"逐渐发展为全球范围内"通用"。由于社会环境等诸多因素的影响,不同国家的会计准则势必会存在巨大的差异,这成为日益频繁的国际贸易亟待解决的难题,为了避免贸易成本的增加以及资源浪费,各国的会计准则和会计制度必须要互相进行协调。

会计国际化促进全球经济一体化发展的同时,全球经济一体化也影响着我国的会计教育,并带来了巨大的挑战。在全球经济一体化进程中,大量的跨国公司相继进入我国市场,产生了大量的人才缺口,不仅是对高新技术人才的需求,还包括对熟悉世界贸易规则的多领域高级经营管理人才的需求,如金融、管理等领域。在全球经济一体化的背景下,会计作为国际通用的商业语言,高职会计教学也必须不断进行相应调整,以满足持续发展的经济全球化进程的需要。

(三)信息技术革命对会计教学的挑战

现代信息技术的发展与变革,使整个社会经济的运行方式产生了翻天覆地的变化。现代信息技术在会计信息系统上应用,即依托现代网络环境,具有高效率、智能化的一种信息管理系统,该系统不仅能够高度自动化地处理会计业务,还能够对会计信息进行主动和实时的报告,使之成为一个开放的系统,不仅可以对会计信息做到高度共享,实现拓展会计功能,还可以拓展会计信息系统的功能,使其在传统核算功能的基础上增加控制功能和管理功能。

信息技术革命影响着会计主体组织结构的构成,传统的金字塔式组织结构将会消失,取而代之的将是新的网络组织,上层组织与基层组织之间的关系将会更加紧密与直接,传统组织结构中的中层管理将逐步被淡化。传统会计的变革,主要是围绕着通过建立什么样的会计模式,才能对经济活动进行正确反映和监督这一问题来进行探索的。关于信息技术发展给会计带来的影响及变化内容，高职会计教学需与之相适应，如教学内容、方法、手段等，均要与时俱进不断更新。

（四）知识经济对会计教学的挑战

在当前的知识经济社会中，不管是经济的发展还是社会的进步，均越发依赖人的智慧和创新，即对于知识积累的依赖以及人们对有效信息的运用与依赖。

知识经济的发展使会计的生存环境也产生了巨大的变化，会计能够记录与反映经济的发展，它既是一种工具，又是一种手段，这就要求会计人员作为实际操作者和使用者，为适应会计环境的变化，要对自身工作方法以及工作手段做到在实践中不断进行变革和更新。会计教育体系对培养和教育会计人员起着重要作用，因此也要对其加以重视。

在知识经济社会中，以农业和工业为代表的传统经济形势依然存在，但是随着知识经济的发展，越来越多的人参与到新型经济的发展中，并且具有明显的以无形资产投入为主的特征，相应的工作岗位和业务种类也逐年增加，以便人们可以依据知识来获得高报酬。知识经济为发挥会计的职能作用提供了良好的机遇和更加广阔的空间，为更好地进行教育改革营造了良好的氛围，同时，也是能够顺利发展的物质保证和经济支撑。

关于知识经济时代信息技术发展对我国会计教学产生的影响，主要是作为在教学手段及方法创新方面的技术依据，将计算机和网络技术应用到会计教学中。通过这种基本手段衍生出的一系列信息技术工具，将使会计教学方法得到极大的丰富和完善。

（五）教育机构的竞争对会计教学提供挑战

许多国家对中国的教育市场是非常认可的，这也为我国高职教育的发展带来了挑战与机遇。挑战主要表现在：许多国家为吸引中国学生出国留学采用了多种措施，我国也将放宽国外教育机构或公司进入我国合作办学的条件，这些国外机构具有较强的吸引力，它们直接参与到我国国内高职的竞争中，对我国高职教育产生了挑战。机遇主要表现在：通过引进国外会计教育方式，借鉴先进国家的经验，在实践中结合我国国情，促进我国会计教育的发展。

随着教育国际化的发展，网上教育也逐渐成为现实，这无疑会对我国高职产生巨大的竞争压力，如何顺应会计教育国际化发展潮流，适应会计教育市场竞争的要求，是当前我国会计教育必须认真研究的重大课题。

二、传统高职会计教学模式存在的问题

（一）教师的教学理念落后

尽管高职会计教师的教学水平普遍不低，但还是有一部分教师受到传统教学观念的影响，在教学中采用传统"满堂灌"的教学方式，将会计理论知识灌输给学生，这种教学方式不仅不利于调动学生的学习积极性，甚至还会使学生失去对会计学习的兴趣。

（二）教学方法陈旧

在当前高职会计教学中，还存在一部分教师，将一种教学模式照搬到每一个班级的教学中，并沿用至下一届学生，在教学方法上没有推陈出新。正确的方法是：教师应营造一种活跃轻松的氛围，在课堂中灵活运用一些有趣实用的、能够提高教学质量的教学方法。

（三）缺乏教学实践部分

在传统会计教学模式中，会计教师的课堂教学往往会在理论部分的讲解上安排较多的时间，相应地，学生在课堂中进行自主学习及课堂实践的时间安排得就比较少。另外，在课堂之外的教学实践中，针对会计专业进行的教学活动组织起来比较困难，这些问题均导致学生学到的会计理论知识难以得到应用，从而阻碍了会计教学效率的提升。

三、新时期高职会计教学的改革

(一) 转变教学观念，创新教学方式

高职会计教师应直面互联网时代为高职会计教学带来的挑战。作为一名高职会计教师，应清醒地认识到传统教学观念已不再适应当前互联网环境下的发展需求。因此，教师应积极吸收新的教学理念和教学技术，并灵活应用到会计教学实践中，真正做到由传统教学模式中的传道、授业、解惑者转变为引导者。高职会计教师只有通过改变教学观念，才能满足互联网环境下高职会计教学的要求。

(二) 加强同互联网企业的合作互动

高职会计教学为满足当前互联网环境下的经济发展，应加强与互联网企业的合作，这一行为不仅对高职的发展具有重要意义，还对会计专业学生的发展有着非常重要的作用。在实践中与互联网企业进行合作，实现将人才输送给互联网企业，进而共同开发出一种互动体验式产品，模拟企业的经营和管理过程，通过会计电算化，高职会计专业的学生能够更多地体验到会计工作。

(三) 推出优质的会计教学网络课程

网络技术是"互联网"环境的关键。传统的高职会计教学模式已经难以满足互联网环境下经济发展的需求。高职会计教学应从网络入手，使教学模式与网络进行融合，推出会计教学网络课程，使学生能够自主选择在线课程进行学习，教师的职能也由单纯的知识传授者转变为学生学习的引导者。会计教学在不断推出优质课程的同时，应当对教学资源进行整合，通过与兄弟院校的合作真正做到资源共享。从而实现网络会计教学资源利用最大化。

(四) 提高会计专业教师的素质水平

在高职会计教学整体环境中，会计专业教师无疑是普遍具有较高素质水

平的。随着经济的飞速发展，互联网时代背景下，要求高职会计专业教师要直面新的会计教学要求，并快速适应。在新的要求下，部分会计专业教师难以适应新的教学要求，这就需要高职院校应加强对会计专业教师的培训，不仅要培养教师的互联网思维，还要培训教师的教学业务能力，使得教师能够更好地面对会计教学。

综上所述，高职会计教学的质量直接影响着学生的发展，影响着学生是否能够成为优秀的会计人才。高职会计教学为适应当前互联网环境下的新情况、新要求，势必要进行改革，从而更好地开展会计教学，以此提高教学的质量，促进学生知识技能的提升。

四、互联网时代会计教学改革的必要性

随着互联网时代的到来，经济全球化的趋势进一步明显，会计教育环境也随之发生变化，会计专业教育也应该适应时代发展，充分利用互联网对会计教育的有利影响。时代的变化必然对会计教学提出新的要求。

（一）互联网时代学生创新能力加强的需求

互联网时代背景下，会计专业学生除了应具有较强的处理会计实务能力的基础外，还应具有创新能力。创新能力一方面是针对具体会计工作的一种变革与创新能力，如会计核算、会计监督等；另一方面，经济的发展与变革对企业内部经营管理现有的各种规章制度产生冲击，为适应社会发展需要，企业内部应进行改革与完善，构建一种有效的内部控制制度。随着会计的不断发展，社会对会计人才素质的要求将越来越高，创新能力在会计人才结构中的地位将愈加重要。

（二）互联网时代学生应变能力的需求

互联网时代背景下，由于平台广泛，市场信息的特征更加凸显出来，如多变性、即时性和交互性。会计专业学生不仅要系统地掌握管理学、经济学、会计学等方面的基本理论、基本知识和基本技能，具备从事本专业工作的能

力，更重要的是要具有适应未来复杂多变的会计环境的能力。学会如何根据已经变化的客观实际，运用所学的专业理论知识和基本原理去分析、解决实际问题，探索新的工作方法和工作领域。也就是说，衡量学生的标准不能仅看他们现有的工作适应能力，还要看其从现有知识中引入新知识的能力，即看学生的潜在能力及其发挥状况。

（三）互联网时代学生研究能力提高的需求

互联网时代，由于资源丰富，我们要接收的信息量巨大，因此，每个人都要提高各方面的能力，成为一名综合型人才。会计专业学生要具有的综合能力，不仅包括语言与文字表达能力，还包括信息获取与处理能力等。会计专业学生要掌握的基本方法有文献检索、资料查询等，同时还要具有一定的研究能力。基于互联网时代对会计专业学生提出的要求，在会计教学过程中应将提高学生素质能力作为贯穿教学的轴心，不仅要培养学生的创新思维，还要提高学生探求新知识的能力。

（四）互联网时代学生综合知识增加的需求

会计专业学生要涉猎多方面的知识，包括的内容如下：①熟悉国家方针政策、法律法规。②掌握国际经济交往方面的知识，特别是一些税收、金融等领域的知识。③熟知相关国际会计惯例，并熟练掌握用于国际经济交往的通用语言，包括公共外语与专业外语。④除了熟知信息技术知识，熟练掌握计算机操作技能，包括计算机基础技能，如网络信息系统的设计、使用等。还应具备使用计算机处理会计实务的能力；可以通过建立各种分析模型来对会计管理进行预测、决策等，还可以利用计算机进行会计审计。

（五）互联网时代通用型会计人才的需要

互联网开放的信息资源为世界各地的学生打开了无处不在的学习之门，这将引起高职教育发生巨大的变革。在这个大背景下，高职利用移动课堂资源培养"通用型"专业人才成为可能。

会计专业学生在今后将会面临复杂多样的会计工作环境。不同行业、组织形式的会计工作，要求会计专业的学生不仅要具有承担会计相关管理工作的能力，还要能够胜任各行各业的会计工作，甚至是服务于特殊业务的特种会计。由于各行业会计之间的基本原理是相通的，会计专业学生要依据自身掌握的会计基本理论和方法，来满足各行业会计的需要。因此，在高职会计教学方面应重视学生对基本理论和方法的掌握，而不去强调课程设置与行业划分是否一致。

第二节　高职会计教学改革的理论支持

一、"十四五"时期会计改革任务与理论研究

会计事业发展依靠会计人才，会计人才工作在推进会计改革发展中具有举足轻重的作用。"十四五"时期的会计人才建设工作将着力构建一个体系、有序推动两个发展、积极打造三个平台、有效解决四个问题、重点实施五个工程，具体分析如下：①着力构建一个体系，即构建包括人才选拔、培养、评价、使用在内的会计人才工作体系，重点健全科学规范、开放包容、运行高效的会计人才培养体系，健全以诚信评价、专业评价、能力评价为维度的会计人才综合评价体系。②有序推动两个发展，即通过完善高端会计人才培养机制，创新继续教育培养模式，推进会计学科与其他学科交叉融合等，推动会计人才向高素质专业化人才发展、向复合型国际化人才发展。③积极打造三个平台，即打造会计人员管理服务平台、会计人员继续教育平台、会计人才资源共享平台。④有效解决四个问题，即解决会计人员诚信机制建设滞后的问题，解决会计人员评价体系不健全的问题，解决高端会计人才供给不足的问题，解决基层会计人员教育培训需进一步加强的问题。⑤重点实施五个工程，即实施大中型企业总会计师培养工程、行政事业单位财务负责人培养工程、会计师事务所合伙人培养工程、会计教学科研人才培养工程、国际

化高端会计人才培养工程。落实到具体任务上，主要包括持续推进会计诚信建设、健全会计人才评价体系、提高会计人员继续教育质量、抓好会计人才培养重大工程、推动学科发展和学历教育改革、加强会计人才培养基地建设六个方面。

（一）持续推进会计诚信建设

诚信是会计职业道德的重要内容，也是对会计行业的最基本要求。"十四五"时期将通过完善法律、建立机制、加强教育等手段，全面提升会计人员诚信意识和行业诚信水平。

1. 加强会计法治建设

通过修订会计法律制度、制定会计人员职业道德规范、修订完善注册会计师职业道德守则等，强化会计诚信意识，支持会计人员依法履职尽责，保护会计人员合法权益，完善会计法律责任体系，提高会计违法成本。

2. 建立涵盖事前、事中和事后全过程的会计诚信体系

建立会计人员信用信息管理制度，规范信用信息归集、评价、利用，探索诚信积分管理机制，加强与有关部门合作，实现信用信息的互换、互通和共享，将会计人员信用信息作为会计人才选拔、培养、评价、使用的重要依据。支持会计相关行业协会，建立健全信用承诺制度，加强行业自律。

3. 加强会计法治教育、会计诚信教育和思政教育

将会计职业道德作为会计人才培养教育的重要内容，推动财会类专业教育，加强职业道德和课程思政建设。加大会计诚信宣传，组织开展先进会计工作者评选表彰，健全评选表彰机制，宣传先进事迹，鼓励会计人才主动担负起时代赋予的使命责任，加强对典型失信案例的警示教育。

（二）健全会计人才评价体系

建立科学的人才评价机制，对树立正确用人导向、激励引导人才职业发展、调动人才创新创业积极性具有重要作用。针对目前会计人才评价标准单

一、评价手段趋同等问题，提出完善会计人才评价体系的具体措施。

1. 探索建立以诚信评价、专业评价、能力评价为维度的会计人才综合评价体系

目前会计人才评价主要以会计专业技术资格考试评审为主，重点关注专业评价（会计专业技术资格考试）、能力评价（评审阶段对工作业绩进行评价），尚未将诚信情况纳入评价范畴中。"十四五"时期，将结合建立会计人员信用信息管理制度，将会计人员诚信情况作为会计人才评价的重要依据，充分发挥会计人才评价对会计人才教育培养的导向作用。

2. 完善会计专业技术资格考试评价制度

组织开展会计专业技术资格考试评价是会计人才评价的重要方式。科学的评价标准、有效的组织方式是做好会计人才评价的重要前提。在全国会计专业技术资格考试领导小组办公室制定的 2023 年度全国会计专业技术资格考试大纲（初、中、高级）中，明确提出要加强会计专业技术资格考试组织实施管理，探索推进初级会计专业技术资格考试一年多考；加大对高级和正高级会计专业技术资格评审工作的指导力度，向艰苦边远地区适当放宽评审标准；研究会计专业技术资格考试、评审与注册会计师等职业资格考试科目互认、与会计专业学位研究生教育衔接的机制、与高端会计人才培养衔接的机制，减少重复评价；畅通各类会计人才流动、提升的渠道。

（三）提高会计人员继续教育质量

会计人员继续教育是实现会计人员更新知识、拓展技能、完善知识结构、提高能力素质的一项重要制度安排。针对目前继续教育标准不统一、学习质量难以有效保证等问题，提出以下具体措施。

1. 制定会计人员继续教育专业科目指南

《会计专业技术人员继续教育规定》第九条规定，"财政部会同人力资源社会保障部根据会计专业技术人员能力框架，定期发布继续教育公需科目指南、专业科目指南，对会计专业技术人员继续教育内容进行指导"。专

业科目指南是指导会计人员继续教育的重要文件。"十四五"期间，将针对不同层次、不同类别的会计人才分别构建能力框架，以能力框架为指引，制定会计人员继续教育科目指南，突出继续教育的针对性、差异化、实用性和前瞻性。

2. 修订《中国注册会计师胜任能力指南》

为适应注册会计师行业发展的新形势，进一步提升注册会计师行业专业化水平，不断适应国家经济社会发展需要，在总结提炼国内新实践，学习借鉴国际新变化的基础上修订《中国注册会计师胜任能力指南》。新修订的指南将对注册会计师职业生涯胜任能力总框架、专业素质基本要素及核心内容、学历教育与职业教育内在联系以及实际经历在培养、保持和提升注册会计师胜任能力中的地位与作用等方面进行进一步明确和规范。

3. 丰富继续教育的内容和方式

继续教育的内容要以服务会计人员为核心，满足经济社会发展对高素质复合型国际化人才的需要，要加强对最新财经法规和会计准则制度的学习，提高依法理财、准确执行会计准则的能力；要加强岗位能力培训，学习行业发展相关的新知识、新技术、新技能，提高实际工作能力和业务技能；要加强职业道德教育，提高会计人员职业道德水平。关于继续教育形式，考虑到工学矛盾、行业差异等因素，将对继续教育形式和学时认定采取更为便捷的方式，进一步丰富拓展继续教育渠道，充分利用云计算、大数据等新技术，推进继续教育信息化平台建设和应用，提供标准统一、内容规范、质量优秀的会计人员继续教育课程和注册会计师胜任能力全要素模块课程，开展继续教育师资库建设。

二、以创新引领会计信息化，助力会计工作转型升级

随着信息技术的兴起，为适应和引领经济发展新常态，需要在我国现代化进程中充分融入信息化。

（一）推进会计信息化创新的重要意义

会计信息化作为当今世界发展的必然趋势，会计工作贯穿于经济社会发展的方方面面，并与信息化建设存在着相辅相成、相互促进的紧密关系。随着信息技术创新的快速发展，关于推进会计信息化工作创新的意义，内容包括如下。

1. 有利于顺应发展趋势与落实国家信息化战略

（1）推进会计信息化工作创新是信息技术发展的必然趋势。信息化是在经济社会发展转型的进程中的一种历史必然，是推动经济社会发展转型的一种变革力量，通过信息化技术来对信息资源进行开发，在加速信息交流和资源共享发展进程的同时，提高经济以创新引领会计信息化，助力会计工作转型升级。

（2）推进会计信息化工作创新是使国家信息化战略得以充分贯彻落实的重大举措。在国家会计信息化发展进程中，会计信息化作为其中的重要环节和基础工程，对全社会信息化水平的提高起到不容忽视的作用。在当前信息化背景下，会计为满足新时代的新要求应对先进的信息技术不断进行创新应用，以实现对会计信息功能深度挖掘的目的，使会计的管理职能得以充分发挥，进而在经济社会发展中充分显示出会计的重要作用。

2. 有利于顺应市场经济发展要求和提升管理水平

（1）推进会计信息化工作创新是顺应市场经济的发展要求。会计作为一种通用的商业语言，通过会计信息能够充分显示出企业的经营状况，有效地引导资源配置，对市场供求的价格形成机制进行完善。

（2）推进会计信息化工作创新是提升企业经营管理水平的依据，是使会计工作职能得以提升的依据，还是提升手段转型升级的依据。推进会计信息化工作创新主要具有四个方面的战略意义。第一，在会计信息生成与披露方面，能够促进其实现标准化、规范化。第二，在会计信息与企业业务信息方面，能够促进其实现同步化、集成化。第三，在电算化条件下的信息传递转变。首先，由实时在线的信息取代传统的时效迟滞信息；其次，由联结价值链的整合信息取代传统的相对单一的信息；最后，由多向"批发"的信息取代传统的单向"零售"的信息。第四，具有重要的战略意义，有利于企业作出科学的决策、整合信息资源等。

3. 有利于顺应经济全球化发展要求与参与国际规则制定和协调

（1）推进会计信息化工作创新是顺应经济全球化发展的要求。当前社会环境的多元化发展以及全球治理体系的深刻变革，充分显示出信息化在未来发展中能够起到的重要作用，可以说拥有先进的信息化技术，就是拥有了未来发展的先机与优势。

（2）推进会计信息化工作创新是参与国际规则制定和协调的必然选择。由我国会计审计准则体系建设和国际趋同等效的经验可以得知，在相关规则制定的过程中要将被动转变为主动，要将一般建议转变为施加影响，要将追赶国际规则逐渐转变为自己的某些规则，使之上升为国际认可的通用规则，这些转变不仅有利于维护国家经济安全，还在国家根本利益和长远发展方面，具有重大而深远的意义。在推进会计信息化工作创新的进程中，全面介入国际会计信息化标准方面的相关工作，通过参与研究与制定工作，使中国在会计信息化标准方面的国际影响力得到充分发挥，进而促进我国会计信息化领域的标准通过不断变革与创新成为国际标准，使我国会计信息化工作步入世界先进行列。

（二）会计信息化工作取得的成绩

1. 基本完成会计信息化工作的顶层设计

会计信息化工作在多方面的共同努力下，财政部先后建立了三个协同机制。

（1）会计信息化委员会是指我国会计信息化标准体系建设、实施和管理工作的咨询机构和协调机制。

（2）可扩展商业报告语言中国地区组织是指可扩展商业报告语言国际组织的正式国家地区组织成员，由会计信息化委员会的成员单位组成，是我国可扩展商业报告语言工作国际交流平台，负责推动可扩展商业报告语言在中国的应用。

（3）全国会计信息化标准化技术委员会是指负责制定会计信息化领域国家标准的专业技术委员会，负责起草和制定会计信息化领域的国家标准。

2. 扩展资本市场、国有资产和保险等监管应用

可扩展商业报告语言的应用领域正在不断扩大，当前已应用的领域有国有资产财务监管和资本市场信息披露等。在我国上海和深圳证券交易所，所有上市公司在年度和季度财务报告披露中都使用了可扩展商业报告语言。在监管领域应用可扩展商业报告语言，能够促进监管效能提升。支持与使用可扩展商业报告语言的监管机构数量日益增加，在中国的应用范围也在不断扩大。

3. 可扩展商业报告语言对企业的应用价值

基于通用分类标准，一部分企业正在寻求可扩展商业报告语言应用领域的扩展，主要表现在由对外报告领域向内部应用领域拓展，并启动相关应用项目，这些项目通过应用可扩展商业报告语言，对存在于企业内部的数据进行统一标记，并且形成了一种统一的结构化数据体系，从而成为提高管理会计质量的有力数据支持。近年来，多个项目通过可扩展商业报告语言的应用，取得了不错的成果，越来越多的企业正在为实现可扩展商业报告语言的内部应用而不断探索，充分体现出可扩展商业报告语言在我国企业的内生动力方面正在逐步加强。

4. 扩展数据的"互联互通"显露雏形

基于会计信息化委员会成员的支持，相关财政部门逐步在财务报告领域和不同监管领域建立一系列可扩展商业报告语言分类标准系统，这些分类标准彼此兼容，可以说为可扩展商业报告语言数据的互联互通奠定了坚实的标准基础。

在可扩展商业报告语言分类标准系统中，财务报告领域的通用分类标准主要是由财政部负责制定的，财政部还负责联合监管部门，实现对不同

监管领域通用分类标准的扩展分类标准进行制定。不管是通用分类标准，还是扩展分类标准，均是采用相同的技术架构，并且在监管报告中若是涉及财务概念、监管分类标准方面的内容，应直接引用在通用分类标准中的定义。通过统一的分类标准，使可扩展商业报告语言数据之间的兼容性得到保障，从而进一步为监管机构之间数据的互联互通提供基础。企业可以在同一信息系统中设置不同监管机构的分类标准和报送要求，实现自动组装和生成不同监管机构的报告，可以有效减轻对外报送的负担。统一标准下的数据互联互通，随着监管扩展应用范围的日益扩大，其优势将逐步显现出来。

第三节　新时代高职会计教学改革的发展趋势

一、互联网时代会计行业的发展趋势

中国会计改革和会计行业的发展与开放已经取得了显著成就，中国的对外贸易不断发展，为中国会计改革和会计行业的发展提供了良好的外部环境。会计教育应根据会计人才市场、会计职业资格设定、会计人才培养目标、课程设置和教学模式设定。

（一）网络互联为会计行业的发展提质增效

1. 信息传导实时呈现

互联网的发展以及会计专业软件和财务管理平台的相继出现，可以充分显示出企业的每一项资金流动，并且是全景监控的实时动态反映。随着会计行业的变革，会计核算的范畴也在不断扩大，不管是在企业的资金流动方面，还是在企业的运营流程方面，均显示出更加透明化的趋势。作为企业的管理者，通过远程监控系统，可以对子公司以及企业的上下部门实现统一的管理。远程监控系统不仅可以将资金流向和财务发生的相关信息第一时间传送给管理者，还可以实时生成相应的报表，不仅真正做到了动态会计核算，还做到了在线财务管理。另外，生成的协同报表还可用于相关部门的监管审查，使会计业务实现一体化，简化工作流程。在企业中同样也可以利用互联网实现远距离部门之间的互联互通，有利于集中财务数据，并采用多种模式进行加工处理，以实现更好的服务和管理。

2. 信息呈现快捷

当代企业通常采用多种方式来实现集团化，如规模扩张、兼并重组等方式。在全球化背景下，跨地区、跨国经营的企业发展已是常见现象，因此，当前企业的财务掌控和管理离不开互联网和专业财务平台。财务管理模式受到网络环境的影响，其发展与变革对财务信息的收集和加工处理程序产生一定的有利影响，使其变得更加简易化、集成化，企业财务信息范畴也有所扩展，表现在由传统会计的单纯的计算报表，逐渐扩展为以网络会计技术为中心的应用发展，如跟踪定位、单证交换等。

当前企业的管理工作正处于过渡阶段，由制度控制转变为程序控制。信息的全面快捷主要是从管理者的角度出发的。首先，网络财务管理中心充分满足了企业管理者的管理需求，通过索引数据就能获取完整的数据流，可以实现个性化的管理。其次，企业可以利用互联网建立数据库，将企业各个时期的各种财务指标进行储存，有助于与其他企业的相关财务指标进行分析比较，可以更好地服务决策者。

3. 信息共享便利

随着互联网技术的普及，企业内部的会计信息更加透明化，主要表现在信息处理加工和报表呈现两个方面。企业相关部门为满足不同的财务需求，通过网络来完成财会数据的采集以及获取一些企业外围信息，使用互联网不仅能增强信息的集成功能，还能增强信息的整体管控性，实现优化财务运作。随着软件管理的不断发展与完善，防火墙技术、信息安全性均得到进一步的增强与保障，企业管理者通过网络安全授权，不仅能直接获取立体全方位的财务管理信息，还能实现实时网络信息资源共享。互联网技术使信息的收集、传输和处理更加顺畅，提高了财务的运作效率，增加了财务详报的可靠性，进而为决策者提供了充实的决策依据。

（二）网络互联为会计人员的转型带来新机遇

传统财务工作范畴受到互联网和大数据飞速发展的冲击，已经由金融核算、财务报表等方面的工作内容，步入现代化管理体系的行列之中，财务报表转变为以战略规划、风险控制等方面为工作重心的管理体系，因此，会计从业人员工作的转型发展，主要表现在由传统的核对工作，逐渐转变为专业化的管理工作。

1. 从数据采集到数据加工的转型

会计人员的工作正处于从低阶数据收集到高阶数据处理的过渡阶段。传统模式下的会计预决算的运行过程存在弊端，如存储数据不足、从业人员技能素养水平不高等问题，干扰着预决算数据的准确性。即使是基于企业内部数据和历史数据而进行的预决算，也存在诸多缺陷，如过时化、碎片化等。会计行业受到互联网飞速发展的冲击，带来了职业会计人的转型契机，主要表现在工作重心的转变上，由数据收集者过渡到数据加工者。互联网的发展为会计行业信息的收集带来了新气象，使之更加简便，会计专业软件使会计信息可以得到各个层面的加工，处理过程更加透明高效，在会计财务核算方面更为规范化，在会计财务监督方面更具准确性、科学性。

2. 从操作者向管理者的转变

在当代，随着互联网、大数据的飞速发展，传统会计人员的操作者身份已经难以满足新时代的新要求，因此应将其逐渐转变为管理者。会计从业人员应与其他部门进行多个角度的连接，进而开设多方账户，并纳入现金流量预测、银行会计核算、资金核算控制、财务管理等业务，建立会计电算化数据集。会计从业人员应与其他行业建立对接以及进行数据交换，这样可以增强财务信息的可靠性、准确性，能够使财务管理更加合理，使反馈的财务数据更加有序、及时，在商品交易进一步得到满足的同时，使企业内部管理控制与决策的需求同样得到满足。

受网络大数据的影响，传统会计从业人员已经难以满足客户对信息核算处理等方面的需求。在传统的财务报告方面存在的一些弊端也逐渐显露出来，如人为操作错误率高等，难以满足商业发展的需求。传统会计从业人员作为简单的数据操作者，为适应新要求，应进一步转变为管理者，通过报告系统来使财务报告真正实现自动化、实时化、无纸化。会计从业人员应通过计算机和云技术建立起一个强大的数据库，利用具有专业性的会计软件，使财务信息的载体发生转变，由传统会计的数据传输计算，逐渐转变为对符号的加工。采用信息化技术，有助于在最短的时间完成会计报告的生成，极大缩短会计报告的上传、计算、归类和组合时间，并且最大限度地满足特定财务的需要。网络传导状态下的财务信息是对会计报告传输形式的根本性改变，不仅减少了人工消耗，还有效地减少了传递成本。

相关专业软件能使会计报告及时生成，也缩短了审计人员的审计时间。公司管理部门在国家统一标准之外的审计内容也发生了转变，那就是由按照统一标准产生的信息经过发展逐渐转变为按特定要求定制的报告模式，有利于失误的减少。利用信息化技术还能对历史和已发生财务的内容进行多角度的总结分析，进而对未来经济状况进行预计。

综上所述，会计工作的不断发展与变革，将会使会计教学更加多元化、更加全方位。

（三）互联网为会计职能的转变创造新环境

会计的职能正在经历着一系列的转变，从数据处理这一职能来说，正在由收集处理和造表提供逐渐转变为对比应用和决策辅助，会计程序正在由事后核算逐渐转变为事前的预测评估。会计职能的这些发展趋势，有利于从更深层次探索会计行业的职业内在含义。

1. 发挥会计预测分析和监督监管功能

当前，新型的会计职能可以追踪和记录企业的一系列经营活动，即企业的预算决算执行过程与结果。会计报表和数据指标可以通过软件和数据平台来进行定期编制，为管理者的考核运营目标提供依据，根据这些可靠有效的资料信息进行下一步的综合平衡决策。依托具有专业性、市场化的相关软件应用，可以为企业生产经营活动减少计算误差、缩短时耗。

互联网对于企业经营活动能够起到的作用如下。①通过互联网可以使企业内部信息的流动更为安全有序。②利用互联网开立账户，可以对各项财务业务进行分类、连续的记录。③伴随着各经济业务的发生，各会计要素的情况也会发生变化，通过互联网能够充分展现出其中的增减变动情况和结果，经济管理者可以从中获取到各种类型的会计指标。④互联网为会计业务往来带来了极大的便利，利用互联网可以进行异地远程结算，对于相关报表可以做到及时传输，对会计信息通过合理使用表格和图表，加以幻灯片等方式进行演示，极大增加了会计信息的可视性。⑤依据网络环境而建立的会计信息系统，作为在电子商务方面必不可少的组成部分，有利于企业各部门间的合作，如管理、成本、财务等部门之间的融合，以解决对会计职业本身专业化的需求。⑥由于电子商务模式会直接导致会计信息容量增强，这时就更加需要在财务与业务之间，通过互联网来实现协同远程报表、财务披露以及查账等项目的往来。

2. 将会计工作的中心转移到协调管理中

行业间互联在满足了决策者需要的同时，也给传统会计行业带来了冲击与新的发展机遇。冲击体现在行业间互联不仅改变了会计行业原有的经营模式，还改变了会计行业原有的工作运营环境，增加了资本流动，使商业发展脱离了时间与空间的限制。行业间互联为会计行业转型带来了新的契机，作为会计从业者和职业会计人要及时抓住这一发展机遇，通过不断学习与调整，在行业发展方面加强与市场和国际的接轨，适应在当前互联网环境下，电子商务的发展进程，有利于更好地服务于企业发展和公司决策。

二、互联网时代会计教学的发展趋势

（一）基于互联网模式整合会计教学资源

在当代，随着网络信息的快速发展，"互联网＋"应运而生，整合传统教学资源对会计实践教学来说非常重要。会计专业会涉及企业保密信息，导致相关企业更愿意招聘一些具有一定实践技能的人员，这就要求高职院校必须结合实践培养出能够适应当前"互联网"时代发展，符合当下企业需求的会计人才，依据互联网的优势，通过大数据平台来对学生的综合能力进行培养与提升。

（二）教师采用慕课、微课等新的教学方式

互联网的发展给传统教学模式带来了冲击，受网络新媒体的影响，传统教学模式正逐渐迈向多元化。新的时代背景要求高职教师不仅要具备互联网思维，还要具备相应的互联网技术。创新作为教育改革的重要组成部分，高职会计教师要顺应时代的发展，利用互联网来进行教学方式创新，如慕课、微课，极大地丰富了当代教学的方式。

（三）构建会计的情景模拟实验教学模型

互联网的发展为教学创造了无数的可能性，当前传统会计教学如"填鸭式"教学正逐渐被"互联网＋"与会计教学相结合的模式所取代。高职院校可以通过互联网技术建立一个模拟平台，这一平台是具有开放性的仿真企业模拟实训室，通过模拟整个企业环境，将会计环境纳入其中，体现出企业从建立到运营的过程，使会计专业教师和学生不再只依靠书本学习，仿真企业模拟实训室能够做到与企业的真正接轨，实现在实践中教学。

（四）高职会计教学改革下教师素质能力要求

1. 教师应具备优秀的教学素养

会计教学的改革是对会计专业教师拥有的综合素质与能力的一种挑战。

教学课程的设计如何满足学生全面发展的要求，如何对学生的思维进行正确的引导，如何直面自身的不同状态以及顺利完成课程教学目标及内容，这就需要会计专业教师具备一定的教学能力，也就是扎实的理论功底、知识更新等方面的能力。教师应当随着现代教育理念的发展，不断优化自身的素质结构，扩展自身全方位、多层次的教学能力。

作为会计专业教师，要拥有广泛且丰富的专业知识，要熟练掌握教学的相关基本思想和方式方法，还要具有理解事物发生和发展的优秀认知能力。在引导学生掌握相关知识时，教师要注意采用科学的方法，引导学生形成主动思考的能力，善于发现问题、解决问题。由于现代社会和科学技术的发展，会计学科与其他诸多学科之间是相互联系的，因此会计教师不仅要增强自身会计专业知识，还要涉猎其他学科知识，以增强自身素质。

2. 教师应具备良好的人格魅力

作为教学改革的重要一环，会计教师在学生学习过程中始终扮演着多种角色。会计教师是知识的传授者，是集体教学活动的组织者，是处理人际关系的艺术家，更是学生的朋友。会计教师应不断维持自身健康的状态，不断丰富自身学识，培养高尚的美德，在言语和行动方面为学生树立榜样，真正做到"言传身教"。

3. 教师应具备丰富实践知识的教学能力

为丰富会计教学体系，学校应建立健全一支优秀的教师队伍，并且教师要具有优秀的理论教学和实践能力素养。会计教师的教学方法要注意体现科学性，将"教什么、如何教"贯穿于教学设计的始终。教师在进行教学活动设计时，要注意从宏观角度出发，注重整体的科学性，不仅要激发学生的学习积极性，还要保证学生参与教学的完整统一。教师应掌握现代教育理论的新兴发展学科，如教育心理学等，还有其他相关专业的科学技术以及跨学科知识。教师应具有教学活动的设计与组织能力，熟练掌握各种教学方法与手段，并结合现代信息技术，展开教学活动与专题研究。

4. 教师应具备较强的学习能力和科研能力

在知识经济社会中，教师为适应信息时代的发展，应将更新知识体系作为一种责任，优化自身知识结构是对教师的新要求。教师要具备现代教育观念、掌握教学方法以及对新知识的认识能力。作为会计专业教师，一方面要不断丰富学科领域的前瞻性知识；另一方面要善于理论筛选与结合实际，关注效率与公平之间的相互作用，使科研与教学具有丰富的科学内涵以及精深的专业知识。

第三章

大数据背景下高职会计教学改革的创新思维

多媒体、互联网等现代信息科技的发展对社会产生了全方位的影响，无论是对教育观念、教学思想、培养目标，还是对教学模式、教学方法、教学组织形式等，从而促使高职院校的教学过程发生深刻的变革。

第一节　大数据时代会计教学改革的运行机制

一、互联网背景下会计教学运行机制

（一）教学目标的改革

网络会计环境下，会计人才不仅要懂得会计理论知识、会计核算业务以及财务管理知识，还必须知道如何应用会计软件来实际操作这些业务，如何优化企业的网络会计环境来实施网络会计。唯有这样，学生才能实际胜任会计工作岗位。这时的会计人才显然是既要懂会计知识，又要懂计算机应用知识，还要懂企业管理相关知识的复合型人才，而高职教育现行的教学目标定位没有重视网络会计方面的需要，对毕业生的就业前景已经产生了负面影响。因此，如果这个问题不加以解决，学生就业就会受到严重影响。所以，会计教学目标的改革，要兼顾学生的会计业务能力和会计软件的实施及操作能力的培养。树立复合型人才教育目标，用前瞻性的眼光突出和加强网络会计的地位。

（二）教学理念的改革

网络会计的出现使会计学科体系扩充了新的内容，加入了会计软件、电子商务等方面的知识，而且这些课程之间具有纵向上的层次递进关系，在横向上又具有内容方面的关联。其中，电算化类课程的部分内容更新还比较快。所以，在新的形势下，会计专业教学理念要转变，要用更宽的视野和发展的眼光来看待专业教学，使专业的包容性更宽，而不应为了迎合市场上的某种需要去设置过细的方向。一般来说，学校教学内容是相对静态的，在一个时期内变动较少。而会计工作实务却是相对动态的，随着国家的会计制度或有关政策的变化，会计核算方法也会发生变化，随着会计电算化技术的不断发展，会计核算手段也会不断出新。因此，会计教学要有前瞻观念。在市场经济条件下，有关会计制度和会计准则方面的变化趋势问题要在教学中加以体现，对已经出现但尚未在企业广泛推广的、较先进的会计软件要加以介绍等，以保持教学内容符合会计实务的实际和发展趋势。

（三）教学方式的改革

封闭式教学使学校和社会之间有"一墙之隔"，不利于学生接触实际，不利于理论联系实际。今天的高职教育不仅是要向学生传授书本知识，而且还要注重培养学生获取知识的能力、动手能力和创新能力，而这就需要在教学中向学生提供较为丰富的教学形式，包括情景教学、案例教学和专题讨论等，这样一系列的教学方式需要的素材资源是十分丰富的。一般来说，学校内部不可能提供全部素材，这样，向校外寻求教育资源补充是很有必要的，开放式教学就能充分利用校外的各种教育资源。组织学生"走出去"学习，可以利用校外企业的网络会计设施实行现场模拟教学，以弥补学校实验设施不足而无法进行的一些实验。学生通过在校外接触企业会计实际，可以发展一些学校教学中没有触及的实际问题，通过请校外有关专家进行专题讲座，可以弥补校内教师某些教学方法的不足，有利于学生拓宽视野、定期接触到学科方面新的动态。同时，实践教学也要进一步加强。这里要抓好两个方面：一是要多上一些实验课，除了课时安排实验课外，还应增加一些开放的实验课，为那些需要进一步加强练习的学生和有兴趣、有潜力在电算化技术方面进行进一步探讨的学生提供更多的实验机会。二是对现行的实习环节做些改革。目前高职学校大多只安排毕业前实习，由于这个时期学生大多忙于毕业论文工作或考研，可能没有太多的心思用于实习，因此实习效果并不太好。面对新的情况，学校可考虑增加学年实习，以便学生在学习中途有机会接触实际，从而更好地领会和消化阶段性学习内容，也可安排学生在假期进行一些专题实习。

（四）课程体系的改革

当前，高职教育会计专业课程体系设置是按必修课和选修课两个方面来进行的。从其布局来看，是和传统会计下的专业教学要求相适应的，具有一定的重理论、轻实践，重讲授、轻操作，重实务介绍、轻手段培训的倾向。从另一个侧面来看，涉及电算化手段内容的课程仅2～3门，由于电算化教学内容涉及软件设计原理、会计软件应用、电子商务、网络会计环境建设、数据库知识等多方面内容，要将这些内容压缩在1～2门课程中，显然是达不到应有的教学效果，因此，现行课程体系有待进一步改革，一是要增加网络财务方面的课程。正常来说，应该有4～5门课程，其中还应该设有主干课程，以突出其主要地位，尤其是网络会计实施方面的内容要增设，这在目前的教学中基本上属于空白点。二是在课程体系中应适当增加实践课程，以利于学生对会计基础知识和会计软件的应用，帮助学生向企业会计员的角色转换。当前，在毕业生就业市场上，有不少招聘单位都要求所招人员有一定的工作经验。所以，在加强理论知识的同时还要提高学生的实践能力。

二、基于慕课的实践教学运行机制

（一）设计理念

首先，按照会计专业实践教学过程实践性、开放性和职业性的要求，根据职业岗位层次、职业能力要求分门别类设置网络模块。其次，在调查现有慕课的基础上，分类已有在线课程，以现有实践教学体系为支撑，配套网络实践环境、软件，构建基于慕课的实践教学平台。

（二）功能设计

在线教学平台的实施基于慕课的会计专业实践教学，应满足学生实践的要求、可用性的需求，并提高其学习持续性，功能设计应简洁易用，教学资源应呈现多元化，其基本功能应包括基于数据库的大规模学期教学管理、学生注册、课程链接及课程上线、兼容浏览器。运营一定时间后，还应逐步实现手机、平板电脑等终端访问，提供在线课程的即时测试，建立课程论坛，进行课后测试和平时作业，记录课程资源利用情况，提供在线问题研讨厅，配以实时在线辅导答疑。并提供成绩综合评定系统，为校内导师和企业教师提供综合评价平台。

（三）实施与保障

调动学生的兴趣和参与性，其核心是教师。在线教学平台的众多教学活动设计与组织机制，教学内容和资源间关系的碎片化，设置教学情境，组织教学内容，构建独立的、可以为学生自主预习提供结构完整的短视频、阅读材料，课中的反馈与答疑，设计课程实践情境、完善评价方式等，都需要保障团队来进行，也对保障团队提出了要求。

会计专业实践教学体系的顺利实施需要专、兼职教师团队一起努力。除校内专职教师外，团队中还需要网络技术专家、视频录制与制作专家和会计行业专家。网络的设计和视频的录制与制作可以外包给专业公司来完成。但优秀会计人力资源则需要在不断地校企合作中逐渐开发，并保持稳定。

（四）实践课程评价机制

会计专业融合了导学、实践教学及学习环境一体化的网络平台，能够充分调动现行资源，如企业案例资料、各类财务软件、教考平台等，建立学生课内和课外与教师沟通交流的有效媒介。除在线模拟课程的学与自身工作项目的做之外，还应建立起实践导师导学、定期见面答疑和常态化网络答疑机制，改变在线课程以往的"视频＋答疑"的简单学习与评价模式，形成学生自评、小组评分及计算机客观评分、实践指导教师评分等相结合的实践评价机制。会计专业实践教学按照岗位课程的内容，将职业工作内容项目化，配套的课程评价机制则以项目评价为主。评价过程中做到既要检测学生对实践课程相关知识的理解、掌握程度，又要考查学生岗位技能的运用及模拟项目的完成情况，并附带评价学生通过课程的学习，在综合分析能力、表达能力、团队合作、道德素养方面达到的水平，进而全面提高学生岗位适应能力。

成绩评定以过程考核方式为主导。在实践课程学习过程中，对各岗位工作内容设置具体工作任务，完成阶段性工作任务，并根据提交的任务单填写项目评价表。采用学生自评、小组评价，结合阶段性的课程配套软件成果统计的计算机评分；采用多元化的过程评价方法，教师指导过程参与各个成绩构成，起到有效的督促和指导作用；并且在岗位任务结束时给予总结性评分，综合评定成绩。具体操作中，学生自评采用定期评价，让学生参照课程标准提供的任务单元和工作任务评价标准，对自己的完成及成果情况评定成绩，学生自评容易出现"估分过高"的情况，因而在总成绩中所占比重不宜过大。小组评价体现了学生自我的监督机制，根据项目情况组成的模拟公司小组，每个小组成员承担一定的工作任务，小组内部建立相互监督和制约机制，发挥学生的自我管理，确定项目组长，由组长监督和考核，并定期评定本组成绩。同时，汇总学生自评成绩以计算机软件为主要操作媒介的实践项目，将软件自动评分作为成绩构成内容计入小组评分表。阶段性工作任务结束时，由教师进行检查和统一指导，并将阶段性评分评语记录于过程考核表单及小组评分表中，实践项目总体结束后，汇总各评分要素，最终确定综合成绩。

"多元"评价方式能够潜移默化地提升学生语言表达能力，增强学生自主管理、自主学习意识，提升学生自信心；引导学生不断进行自我反思，增强集体责任感，并加强学生间的团结协作。学业成绩的多方综合评定模式显得更加人性化，做到了公平、公正和全面。

第二节　大数据时代会计教学改革的主体分析

一、互联网时代会计师资队伍的建设

（一）会计专业教师课堂内部角色特性的重新定义

随着新课改方针的落实，有关高职内部会计专业开始大力提倡项目教学法，希望师生之间彼此合作，渲染出课堂积极探究互动等愉悦氛围，使得学生能够在课后不断借助网络、图书馆渠道收集广泛课题信息，同时主动渗透到对应岗位领域中积累实践经验，至此不断完善自身经济分析实力。透过上述现象，教师的全程角色地位几乎发生着本质性的变化，导致传统教学中"硬性灌输"行为得以有效遏制，并且朝教学情境多元化设计、激发学生自主学习意识和会计专业技能科学评估等方向扭转，有效避免学生今后就业竞技过程中出现各种问题。

（二）教师会计专业思维创新和团队协作意识的全面激活

会计行业专家指出，自主将会计一体化教学岗位实践工作视为自我专业技能和职业道德素质重整的关键性机遇条件，积极推广宣传和系统化落实教学项目理论。毕竟借由上述渠道开发延展出的教学项目内容独特性显著，作为新时代专业化会计课程讲解教师，应该敢于跨越不同学科束缚，在团队合作单元中完善自身各项学科知识、技能结构机理，这样才能尽量在合理时间范围内，将今后的工作任务转化到项目教学策略中。

（三）不断提升会计专业教师团队整体现代化教学理念的培训研习效率

为了快速辅助会计专业教师进行岗位意识转变，相关高职领导可以考虑定期邀请会计分析专家前来开展专题报告工作，确保校本培训工作内容的大范围延展结果。鼓舞相关专业教师明确掌握会计专业课程改革的现实意义，积极投身到不同规模职教学会、教研分析活动之中，或是参观教学改革成就突出的校园，及时更新自身教学规范理念，避免和时代发展脱轨。

（四）有机强化校园、企业的经济辅助支撑、人才供应等事务协作交流力度

为了尽量确保会计专业教学课程能够同步迎合企业和学生的诉求，高职院校联合以下细节因素进行综合调试。首先，定期组织教师深入会计事务所等单位进行实践体验，快速汲取各类创新知识养分并完善自身动手操作实力，为后期与学生精确探讨会计行业发展趋势奠定基础。其次，邀请金融机构专家参与到校内经济类专业建设事宜之中，针对既有师资团队素质和技能优势进行挖掘引导；同时成立行业专家指导委员会，督促相关指导教师透过课堂收集的问题进行汇报咨询，听取其意见并进行校本教材内容革新及确定阶段化教学改造指标。最后，及时跟踪验证财会专业毕业群体就业发展实况，结合学校既有会计专业课程设计形式进行对比验证，为今后毕业生职业生涯发展前景稳固提供丰富的样式。

（五）借助校内各类科研项目成就带动会计专业教师教学质量协调控制力度

高职院校内部会计类专业课程系统化灌输落实的显著特征就是集中一切技术和经济手段稳定学生实践操作能力，并完善其成果。结合以往实证经验进行综合校验解析，在校内建立起合理规模的科研项目和财会专业实训基地，稳定不同实验设备更新力度，能够为学生今后经济类职业发展前景提供更为广阔的支撑动力。所以说，有关院校应该尽心竭力建立和完善一体化教室，配备各种会计模拟教学工具及设备，同时开放沿用不同类型高水平的现代化的财经实习教室进行教学联网，专门用于系统的财会电算化培训和学校的电算化教学。

二、师生进入移动自主学习角色

随着现代信息技术的迅猛发展，网络技术在教育中的应用日益广泛和深入，特别是互联网与校园网的接轨，为学校教育提供了丰富的资源，使网络教学真正成为现实，为有效实施素质教育搭建了平台，有力推进了新课程改革。现代信息技术的发展对创新人才培养提出挑战的同时也为其提供了机遇，中华人民共和国教育部《基础教育课程改革纲要（试行）〔2022〕》明确提出，要"大力推进现代信息技术在教育过程中的普遍应用，促进现代信息技术与学科课程的整合"。而运用现代信息技术教学具有"多信息、高密度、快节奏、大容量"的特点，所提供的数字化学习环境，是一种非常有前途的个性化教育组织形式，可以超越时间和空间的限制，使教学变得灵活、多变和有效。处在教育第一线的我们，必须加强对现代化教育技术前沿问题的研究，努力探究如何运用现代信息技术，尤其是在课堂上将基于现代信息技术条件下的多媒体、计算机网络与学科课程进行整合，创新教学模式、教学方法，更好地激发学生的学习兴趣，调动其学习积极性，使课堂教学活动多样化、趣味化，并提高教学效率。

课堂教学改革是实施新课标的重要基点。现代社会要求青年一代要具有较强适应社会的能力，并从多种渠道获得稳定与不稳定、静止与变化的各种知识。传统教学模式是教师在课堂上讲课，学生在下面接受知识；而新型课堂教学模式是学生在教师指导下，通过积极参与教学实践活动自主完成对知识的学习，课堂变成了师生之间和学生之间互动的场所。面对常规的每一节课，面对基础不同的每一个学生，面对每一个新的知识点和每一个学生不同的需求，打造"翻转教学模式"下以"学生为中心"的高效课堂教学就显得十分重要。

（一）学生角色

学生进入移动自主学堂后会看到自己未完成的任务，其中包括教师发布的考试、作业和学习资源；自己制定的学习任务，如查看学习资源和错题练习等；系统根据学习曲线算法在适当的时间布置给学生相应的学习任务，如学生长时间没有复习和练习某个知识点时，系统会将相应的学习资源和练习推送给学生进行复习和练习。学生可以查看自己最近一段时间的学习记录，及时了解自己的学习情况。学习记录中包括最近学习了哪些资源以及学习每一种资源所用的时间、测试情况的反馈，包括每一个知识点测试题目的数量、正确率等信息。平时考试、做作业会产生错题，利用好这些错题可以有效提高学习效率。移动自主课堂考试、作业功能可以根据学生的学习记录自动剔除学生已经牢牢掌握的试题，从而缩短学习时间，提高效率。学生可自主在题库中随机（由系统根据算法进行预筛选）或指定筛选条件等多种方式抽取试题学习，以及根据学生的特点推送与学生掌握不好的知识点相关的试题供学生进行练习。同时，系统根据高分学生的学习记录，推送这部分学生的学习资源和练习题供当前登录的学生进行练习，并根据练习题的测试情况调整推送参数，以探索最适合该学生的学习模式。针对每个学生不同的学习特点，系统对学习资源进行有效分类。系统将知识点和学习资源建立网络结构，并根据教师指定的难度和实际测试过程中形成的难度数据建立分层结构。

（二）教师角色

教师可利用平板电脑或其他方式出题，同时指定试题的属性，如关联的知识点、体现的能力和难度系数等。对于试题的难度系数，系统可以根据学生答题的情况计算出来，自动将错误率较高的题目推送给教师并给出建议，如题目太难、讲解不够等，从而优化题库。为了提高教学效率及资源利用率，系统可以统计每个资源的使用情况，包括学习次数和时间等，并针对使用过于频繁或者过少的资源推送通知。教师可以通过考试系统发布随堂练习，及时查看学生学习掌握程度，以便当堂解决学生本节课学习中存在的问题。考试系统根据历史数据，对试题库中的试题进行预筛选，剔除正确率非常高、近期出现频率过高的试题，同时将错误率过高、近期很少出现的试题前置显示，为教师提供更多的建议，从而提高出题质量，实现因材施教。在体现个性化教学方面，系统中的学生学习情况查询功能可以使教师了解学生的整体情况，包括错误率较高的知识点和题目。同时，将查询到的数据与相应学生学习资源的时间情况进行对应，以协助教师分析学生失分的原因。还可以针对指定学生，了解其最近的学习档案和考试、练习情况，包括其薄弱知识点、资源学习的盲区等，以便针对个体给出个性化的学习建议。

三、营造师生及生生互动的学习空间

（一）师生、生生互动

移动自主学堂采用先学、精讲、后测、再学，并有教师参与的教学模式。在移动自主学堂中，教师根据学科类型、知识点、学生特点、教学目标与教学内容等，可采用灵活多样的教学方式，并且系统可自动记录学生行为和教师行为数据。学生之间可以针对某知识点的学习进行竞争学习，教师和学生之间可针对某知识点发起话题讨论等，在课堂教学中实现师生、生生互动。更重要的是，这样可采集到用于学生分析和管理的真实数据。

（二）个性化学习

在课堂教学中，虽然学生是在教师的安排下有序进行学习，但课上时间主要集中在教师对疑难问题的解答或教学内容精讲上。而那些课上没学会或缺课的学生，则可以在课外登录"移动自主学堂"，自主学习课堂教学中的相同内容。在课外，系统根据每位学生的学习路径和近期学习情况，针对教学过程中的重难点和每位学生的错误点进行个性化推荐。根据系统记录的学生错误试题的数据，教师也可以进行个性化指导。

信息化环境下移动课堂教学模式探究以"移动自主学堂"为核心，同时还设计了"四课型"渐进式自主学习方式。其基本模式是：先学、精讲、后测、再学，即教师提前通过学生学习支持服务系统向每个学生发送资源包，包括导学案、课件、测试题及有关学习资源（包括微视频等）；学生参考资源包，依据课本进行预习自学，并记录问题或疑问；学生通过平板电脑或其他媒介展示反馈学习成果，或通过学生学习支持服务系统进行前测，通过测试展示学习成果或问题。重难点内容由学生或教师进行点拨，在充分质疑交流的基础上进行归纳总结。最后通过学习练习评价课，系统自动统计测试成绩并进行分析，之后由学生、教师或系统进行讲评和评价。

第三节 大数据时代会计教学的管理模式

中央 16 号文件"三贴近"要求教育工作者要贴近实际，贴近生活，贴近学生。作为教育工作者，我们要不断加强自身学习，特别是认真学习党的十九大的重要指导思想，认真贯彻高职院校的办学精神和理念，针对会计学院的学生现状，抓氛围，促引导，扎实地做好学风建设工作。

一、会计教学管理信息化建设中存在的问题

（一）会计教学管理软件的开发与维护不足

会计教学管理信息化建设包括硬件建设和软件建设。硬件建设指信息化办公所必需的电脑、处理器等网络设备；软件建设则指会计教学管理所应用的电脑软件，这两者应当并重，不可偏废。而目前许多高职院校把主要的精力投入到硬件和平台的建设，而对于软件的引进、开发和维护还没有给予足够的重视。电脑等设施的置备并不能说明实现了会计教学管理的信息化，还要看这些信息化设备在会计教学管理中的作用。然而，现实中会计教学管理系统设计与学校具体需要之间存在矛盾，软件公司在开发时往往选择具有普适性的模板，但每个学校的会计教学管理体制存在差别且需求不同。因此对于不同的学校，会计教学管理系统功能上有所不同。

（二）传统会计教学管理理念的不良影响

将会计教学管理信息化建设定位于硬件和平台的建设固然有利于教学评估检查、完善基础设施，但实现会计教学管理信息化的关键在于树立适应信

息化社会运行规律的理念，即高效、智能的会计教学管理理念。一些教学单位认为会计教学管理信息化只是管理手段的变化，只具有提高效率的作用，甚至在一些操作技术不熟练的人看来还不如传统方法简洁方便，这实际上是传统会计教学管理理念造成的误区。使用信息化的会计教学管理方式不仅会给传统会计教学管理手段带来改革，更会对管理理念造成冲击，它要求会计教学管理者建立新的认知和工作思维方式，对涉及会计领域的各种信息逐步培养辨别能力和筛选能力，培养灵敏的信息嗅觉和敏感性。

（三）缺乏网络信息风险意识

信息安全不仅涉及电脑使用者的数据保密和硬件维护，甚至会影响到电脑所在局域网络的整体安全，因此必须引起足够的重视。目前的网络应用软件市场良莠不齐，操作系统方面还存在大量的盗版操作系统在运行，一些高职院校为了节省成本而安装或在维护时使用未获得授权认证的系统固件，这不仅会给电脑本身的运行带来风险，而且很可能会危及学校整体的网络安全，使得会计教学管理信息化存在一定的安全隐患。为了解决这个问题，应该采用身份认证和权限控制的方案对信息系统进行全面监控。也可采用一些保护个人隐私的办法，如数据加密、身份认证、病毒以及隐私保护等。

二、互联网时代会计学科的教学管理

互联网时代的发展正对会计教育进行深刻的变革，在这个过程中，作为高职教师，我们必须积极应对这些挑战，对新时期会计学科的教学管理工作提出了新的要求。

（一）教学方式的改革与实践

根据日常教学工作与学生的交流，大多数学生还不了解云会计、大数据这些新概念，更不清楚其对以后就业带来的机遇与挑战。当下很多学生对大学阶段的学习还主要依赖于教师的课堂教学以及教材的课本学习，或者选择培训班的方式应对会计的各种专业考试。这种上课、复习、考试的教育机制已经不能满足社会对学生的需求，高职院校必须培养学生对新知识的认知能力和独立自主的学习意识，教学方式的改革迫在眉睫。

1. 课程建设

在互联网、大数据时代下，传统的课程建设显然已经不能满足我们的教学需求，我们必须积极推进新的课程建设。首先，传统的教学资源比较单一，只有教材习题，而在互联网、大数据时代下，我们可以借鉴微课、慕课、翻转课堂等教学方式，在课前录制短片供学生预习或者课后复习，也可以利用微信等软件进行习题的发布。其次，传统的教学方式都是教师讲、学生听，比较枯燥，在互联网、大数据时代下，学生通过课前的短片学习有了一定的知识基础，教师可以只进行重难点的讲解，也可以组织学生进行小组讨论，相互交流彼此的观点，教师最后进行点评，提高学生学习的效率。最后，教师可以通过软件对学生习题答题情况做一个统计，找出学生的易错点及重难点，及时调整教学方法。

2. 培养学生对网络资源的挖掘能力

伴随着互联网技术的快速发展与普及，当今高职学生都拥有基本的上网工具，具备获取网络资源的条件。一方面，随着大数据时代的到来，会计专业学生可以不受时空的限制进行自主学习；另一方面，海量的会计数据又让学生应接不暇，如何快速查找并利用有效的会计资源进行学习是当前会计专业学生面临的困惑。首先，教师在教学的过程中可以鼓励学生主动去关注与会计相关的专业机构的微博、微信等公众平台接受专业的信息推送。其次，教师在教学的过程中可以多开展数据应用实践，为学生提供专业网站，充分培养学生利用大数据时代的优越性挖掘网络资源的能力。

（二）教学管理

为了与教学方式相匹配，高职院校必须建立相应的教学平台来进行辅助教学管理。教学平台应当包含以下几个方面的内容。第一，学生的管理类数据，包括学生的基本信息（如姓名、性别、年龄等）、考勤、作业、成绩以及该生在学校的各类表现（荣誉、处罚）等。第二，教师的管理类数据，包括教师的基本信息（主要教学课程、主要研究方向等）、教师备课的教案、教学进度、作业批改情况、辅导学生情况等。第三，综合管理类大数据，包括学校基本信息数据以及学校各项评比类数据等。第四，第三方应用类大数据，包括地图、天气、网上课堂等资源。

第四节　大数据时代会计教学的考核评价

一、互联网时代中会计教学考评创新体系设计

为顺应互联网技术发展的需求，满足学生超越时空限制的课外辅导诉求，会计教学方式必须求变，要充分利用现有的网络发展技术，开发研制会计网上考核系统，以提升会计教学的效率与效果。会计考核系统的设计，应体现以下几个思路。

（一）充分利用信息化的技术成果

互联网已经遍布世界的每一个角落，没有任何一种方式像互联网那样将教育的权利送至千家万户。网络教育已经发展为一项巨大的产业，这是一种自主、快乐的教育形式，实现随时随地的学习，达到学习就是生活的最高境界。网络教育具有交互性，相互交流机会更多。网络教育是一种最廉价的教育形式，不仅教材、讲义的成本较低，而且不需要庞大的教室、设备的投资。会计教育必须利用网络这种先进的技术手段，提高会计教学的质量和数量，满足信息社会的要求。

在系统的教学设计过程中，要充分借鉴信息化发展的最新成果，尤其是网络互动平台的建设必须体现到系统中去。另外，面对大规模的会计教学数据处置的需求，可以应用最新的云计算成果，提升系统的运作效率等。同时，在系统设计中，要留有标准化的接口，以便将来与高职院校的教务系统完全对接。系统自身的设计框架也应具备开放性和可扩展性，为将来的升级与更新做好准备。

（二）考虑高职会计教学的实际情况

第一，会计考核系统是为高职院校的会计教学服务的，必须考虑我国高职院校当前的会计教学实际情况。首先，要考虑师资力量的建设，要确保大部分的会计师资能运用该系统，而不能仅仅依托几个精英。其次，还要考虑高职院校的网络建设水平。尽管现代网络技术已经发展到了一个很高的层次，但高职院校的网络化建设总体水平还不高，系统的设计必须满足现有的高职院校网络运行的条件，不能太过超前。其次，还要考虑学生的使用条件。尽管部分学生拥有了现代化的学习设备，但大部分学生还是依靠学校的机房或图书馆来进行网络学习，系统设计必须充分考虑这一点。

第二，会计系统考核要反映会计信息化发展的最新成果。会计信息化的发展已经经历几十年的时间，有了一定的成果。尤其是 20 世纪 90 年代将会计信息集成到企业的管理系统中，加速了会计信息化建设的进程。在这一过程中，很多企业运用了比较先进的会计信息系统，尤其是数据库技术的使用，加大了会计数据的处理能力。同时，会计报告的标准语言开发，也促进了会计信息的可扩展性。这一切，在会计网上作业与考核系统的设计上，要予以充分考虑，使会计信息化既要体现在教学内容中，也要体现在教学手段中。

二、教师考核评价制度的改革

教育部指出，要以"师德为先、教学为要、科研为基、发展为本"为基本要求，以"坚持社会主义办学方向与遵循教育规律相结合、全面考核与突出重点相结合、分类指导与分层次考核相结合、发展性评价与奖惩性评价相结合"为基本原则，努力解决考核评价存在的突出问题。为此，应从以下方面深化改革。

（一）考评内容

首要是师德师风。高职建设与教师发展应回归教育本源，体现教育的实质。为此，必须增加师德师风考评的权重、加强师德考核力度；建立教师师德档案，健全师德长效机制；设计将师德考核贯穿于教师日常教育教学、科学研究和社会服务全过程的软硬指标体系；进一步完善将师德要求和思想政治考核贯穿于教师聘用、职务晋升、岗位聘用和聘期考核的首要参照机制；推行师德考核负面清单制度，加强教师师德考核惩戒机制建设，对高职教师师德违禁行为，师德考核不合格，进行严肃惩戒，实行师德"一票否决"的标准。

关键是教育教学水平。教书育人是教师的本职工作，对教师教育教学水平和效果进行考评是人才培养能否达到目标的重要衡量指标。为此，必须健全教学工作量评价标准，特别是针对不同特点的高职院校，建立任务清晰、分层次、差异化的评价标准，充分调动教师从事教育教学工作的积极性；建立由教师自评、学生评价、同行评价、督导评价等多种形式结合的教学质量评价体系；建立课堂教学纪律考核机制，对教师的课堂教学活动和教学实践环节加强督导，严肃处理在课堂偏离正确育人方向、传播违背社会主义核心价值观的有害观点和言论。

难点是科研评价。高职教师既承担着教书育人的重要使命，又担负着服务国家社会经济发展的重要职责。科研是高职教师工作不可或缺的部分。科研评价应改变片面重视论文、专利、项目和经费等量化指标的倾向，建立针对不同类型、不同层次教师的分类评价体系；按照哲学社会科学、自然科学等不同学科领域，根据基础研究、应用研究等不同研究类型，建立科学合理的分类评价标准；建立以服务国家经济社会发展需求和教育教学功能为导向的科研指标体系，推动原始创新和推进科教融合，落实科研工作的实效性；探索建立"代表性成果"评价机制，将通过长期积累、潜心研究形成的科研成果作为评价教师科研工作的重要依据。

（二）考评方式

第一，应充分尊重教师自评。高职教师是教学科研的主体，但由于在考评制度上成为考评对象，是被动的监督和考核的客体，从而被考评过程所忽视。应充分重视教师自我评价，建立教师在师德师风、教学科研、职业规划、教学环境、心理压力、学校发展目标与自身发展的关系、社会服务贡献等方面的自我评价指标体系，增强教师的主体意识。

第二，应采取学生考评与同行和督导考评相结合的形式。建立包括教师的道德品质和教学态度、教师的理论素养和教学水平、教师的心理素质和与学生的沟通能力、教师对学生的影响力、教师的教学方式方法的创新能力和效果、对学生反馈的接收程度等的指标体系，最大限度地吸收学生以及同行和督导的意见和建议，使之成为教师改进教学、不断调整提升素质的动力。

第三，应形成分类评价体系。基础研究注重原始创新，研究成果往往没有明确的实际目标，但能够彰显以认识论为基础的大学精神与理智传统、高职教育使命与高职教师的内在价值，只有在某一学科和领域的同行专家才能做出专业、科学的评价；应用研究和技术开发探讨的是如何将基础研究应用于实际，是以解决实际问题和实践难题为明确目标的研究，研究成果必须接受市场的评价和认可；哲学是对社会科学领域的重大理论现实问题提出见解和建议，应主要看其是否遵循国家利益和政府立场，因此必须由社会进行评价。总之，应充分发挥同行评价、团队评价和第三方评价的作用，建立科学化、市场化和社会化的考评制度。

（三）考评效果保障

第一，规范评价程序。科学完善的评价程序是保证教师评价制度准确性和公正性的前提。为此，学校必须做好考评的宣传和解读工作，保持考评程序的公开透明；建立稳定的教学评价机构，以保证考评的权威性与公信力；建立评价结果反馈机制，科学分析教师在考核评价中体现出来的优势与不足，为教师提供自我提高和职业规划的建议；建立评价结果申诉程序，让对评价结果有异议的教师通过正常渠道提出意见，表达诉求；建立评价过程监督机制，让考评工作程序自始至终在"阳光下"运行。

第二，注重政策联动。应建立各类评估评价政策联动机制，包括探索建立院校评估、学科评估和教师评价的政策联动，将制约和影响教师考核评价政策落实的评价指标进一步优化和调整。

第三，推进部门协调。建立健全由学校主要领导牵头，人事管理部门协调，教学、科研等管理部门密切配合的规范化、制度化和常态化的沟通协调机制；建立科学完整的教师信息数据库，各部门实现网络数据对接和信息资源共享，为考评提供快捷方便的条件；建立各部门问题解决和纠错机制，准确快速解决部门间在考评工作中出现的矛盾和问题，彼此支持、形成合力，进一步提高行政办事效率以保障考评工作的顺利进行。

第四章

大数据背景下高职会计教学改革的多元化教学模式

本章对会计的多元化教学模式进行探索，将多元化教学模式引入管理会计的课堂教学中，试图尽量利用多种教学模式来提高管理会计的教学质量，提高学生的学习兴趣与学习能力，旨在抛砖引玉，探索适合当前高职管理会计的教学之路。

第一节　翻转课堂在会计教学中的应用

一、翻转课堂定义以及将其引入会计教学中的意义

（一）翻转课堂定义

翻转课堂，指的是对课堂上学习到的知识在课堂内外的时间加以颠覆性的调整，将学习的主动权从教师转移到学生身上，因此又被称为"颠倒课堂"。诸多的专家和学者对翻转课堂有着各自不同的定义。有些学者对翻转课堂有不同的理解，即教师负责设计教学视频并播放给学生，学生通过观看视频内容展开学习，然后在课堂上和同学、教师进行交流，最终完成教学目标。本章此次研究翻转课堂在会计教学中的应用，所理解的翻转课堂指的是教师在课前提供一定的教学资源，辅助学生自行完成学习过程，在课堂上提供一定帮助，使学生已经提前学习到的知识能够得到强化和巩固，课后再安排相关的学习任务，使学生学到的知识得到进一步巩固的一系列过程。

（二）将翻转课堂引入会计教学中的意义

将翻转课堂引入会计教学中具有如下意义。第一，学习方法的转变。在传统的教学课堂上，教师作为主导力量进行教学，并不能保证全部学生都能够掌握复杂、枯燥的理论知识；但是采用翻转课堂的教学方式，学生可以在自学阶段根据自己的学习习惯和薄弱环节来自主学习，然后在实际课堂上和教师、同学展开交流讨论，以便夯实之前自主学习的知识，翻转课堂营造了一种较为轻松的学习氛围，更容易培养学生自主学习能力。翻转课堂也有利

于学生主动学习、自觉学习，对于枯燥的会计理论知识也能抱着愉悦的心情。拥有较好自控能力的学生在翻转课堂上更容易收获成功。第二，教师教学能力得到一定的提升。在翻转课堂的教学模式之下，教师需要提供教学资源，这就要求教师自身必须拥有扎实的设计教学内容的能力，能够更好地把握教学环节、教学目标以及教学方式。充满趣味性的课堂教学内容更容易提高学生的参与度和积极性，在翻转课堂中，有着较强个人能力的教师更容易获得成功。第三，促进师生关系更加融洽和谐。突破传统的教学课堂中教师和学生之间疏远的角色关系，在翻转课堂的教学模式下，二者之间是一种互相促进的合作关系，教师不再是课堂的主体，而是为学生提供针对性的帮助，拉近了二者之间的距离。

二、翻转课堂在会计教学中的应用设计总思路

(一) 设计理念

在翻转课堂的教学模式下，任何一个环节、一个细节都着重强调教师的主导地位和学生的主体地位。在传统的会计教学课堂上，由于受到空间、时间等多重因素的限制，从事会计教学的教师为了尽快完成教学目标，往往采用传统的讲解式教学方式，这在很大程度上无法照顾到学生的学习需求和情感需要，不能提高学生的积极性和课堂参与度，最终使整个会计教学课堂的效率无法提升、教学目标无法实现。在翻转课堂的教学模式下，学生的时间更加充裕，对于较为枯燥复杂的会计学理论知识，完全可以放在课下时间完成，这在一定程度上体现了学习的自主性。翻转课堂上，学生可以利用已经打好的理论知识基础来解决实际问题，充分表达自身的学习诉求和情感需要，由此会计课堂的教学效率得到了显著的提升，教师完成教学任务也不再是艰难的事情。传统的会计教学更多倾向于对理论知识予以讲解和夯实，对于教学目标，虽然会有实践能力、理论知识等方面的要求，但是由于多重因素的影响和限制，想让学生拥有较强的实践能力、掌握丰富的理论知识相对较为困难，这和当代所需要的综合型会计人才的培养目标显然是不相符的。在翻

转课堂的教学模式中，对于理论课程的学习和巩固，更多的是利用课外的时间，课堂上则是让学生有更多的时间来对已经学到的基础知识加以深化理解，在教师的帮助下，学生借助实践提高自身的综合能力，并且对理论知识加以进一步的验证和深化理解，使学生掌握理论知识、提高实践技能变得更加可能。因此，教师在设计翻转课堂的学习目标时，需要着重关注如何能够实现学生的自我价值以及提高实践能力。

（二）教学流程设计

将翻转课堂引入会计教学过程中，教师首先就需要在课前设计好教学视频资源，学生通过这些视频内容进行自发学习，在此学习阶段学生不必受到教师的监管，时间相对自由，完全可以按照自己喜欢的方式、能接受的学习时间完成学习，自身真正成为学习过程中的主人。其次，学生需要对教师制订的学习任务加以分析，对学习内容、概念有一个体系化的认知，然后在课堂上对这些知识进行二次理解深化，后续再通过实践教学对其进行第三次夯实。翻转课堂上，学生借助小组团队的方式来解决问题，可以充分感受合作的魅力和乐趣，有利于促进同学之间的紧密关系，还可以提升学习效率。教师在收集到学生的任务单之后，根据实际完成情况，对后续的教学活动予以调整优化，使其真正符合学生的情感需要和知识需求，真正做到以学生为主体。在实际的教学课堂上，对于学生在自学阶段以及小组合作阶段遇到的问题，教师应在第一时间给予疑难解答。与此同时，教师必须观察每一名学生并给出教学反馈以及教学评价，旨在帮助学生扬长避短，取得更大的进步。最后，学生根据教师以及同伴给出的评价结果来审视自身，明确自身在学习知识的过程中的优缺点，便于日后改正。

（三）课前活动设计

将翻转课堂引入会计教学中，课前活动设计环节包含了三项任务：第一项为教学资源的准备；第二项为任务单的设计；第三项为学生自身的学习活动。教学资源的准备环节涵盖内容非常广泛。比如，实地考察视频、互联网资源上的视频教学、教师自制的教学动画或者视频等，通常较为常见的是教学视频，其中又包含了教师自创的教学视频以及在互联网上下载的微视频两类。在教学资源的准备环节，教师需要关注如下要素：第一是时长控制。教师在设计一个教学视频的时候，需要考虑将具体的课程内容分为多个知识点，最终合成的视频时长要控制在 8～10 分钟。之所以考虑将视频的时长控制在 8～10 分钟，是从心理学的相关研究出发的。当一个人在集中精力做一件事情的时候，通常注意力完全集中的时间不会超过 10 分钟，之后就会被外界的客观因素或自身的主观因素所干扰。因此，在课堂一开始的前 10 分钟内，学生的精力相对集中，之后就会呈现逐步下降的趋势，而将教学内容浓缩于 10 分钟的视频里面，可以让学生充分地感知知识中的精华。因为只有 8～10 分钟的教学时长，所以教师在讲解知识点的时候要坚持精简原则。除此以外，教师可以选择将知识点分散讲解，学生可以在先前掌握的知识基础之上将分散的知识点串联起来，形成一个完整的知识体系。第二是教学语言设计。视频中的教学语言和教师在实际课堂上的教学语言之间存在差别。在教学课堂上，教师会表述"我们""大家""同学们""你们"这样的词汇，但是在视频资源里面，教师需要营造一种有针对性的、一对一的教学氛围，因此需要用到"你""我""咱们"这样的用语，拉近自己和学生之间的距离。翻转课堂借助语言模式中的调整功能，可以让学生获得更多的心理认同，感受到自身的重要地位，从而推动学习效率的提升。第三是添加动画或者字幕。虽然教师设计了视频教学，但这并不是将课堂的教学内容简单地进行信息化或者电子化，而是需要用精简的语言搭配一定的动画或者字幕对知识点予以精练化的传授。在传统课堂上，教师传授知识的方式主要是通过语言的讲解，因此学生想要抓住学习的重点，就要重点关注教师的话语，这就要求学生注意力高度集中，如果学生自身属于注意力较为分散的类型，那么其能够学习到的知识也就有限。但是翻转课堂借助动画或者字幕的方式突出重点，有利于学生第一时间抓取重难点，还可以反复观看视频，在提升兴趣的同时，有利于增强学习效果，推动学习效率的提升。第四是任务单设计。如何能够检验学生在自主学习阶段的最终成果呢？这就必须依赖任务单的考核，通过参考任务单的具体情况，教师也可以对后续的教学活动设计予以优化调整。教学任务单的主要内容包含学习任务、学习目标、疑难问题等。学习任务主要是引导学生进行自主学习，并且指导其应用何种学习方法来理解教学内容。学习任务分为两类——个人学习和团队学习，个人学习主要是对自学成果的检测，团队学习主要是对集体逻辑思维以及知识体系的裁定。疑难问题则是将自身在学习过程中以及团队合作过程中无法解答的问题记录下来，寻求教师的帮助。教师通过对任务单完成情况的核定，决定是否需要进一步调整下一步的教学工作。

（四）课堂活动设计

教师之所以需要对课堂活动进行设计，其根本目的在于巩固学生在自学阶段的学习成果，因此，教师需要严格参考学生提交的学习任务单的具体情况来对课堂活动进行调整。课堂活动设计包括以下几个部分：第一，对自主学习阶段成果的检验，包含对知识点的把握和理解；第二，对重难点知识的反复练习，其目的在于帮助学生深刻理解重难点知识；第三，实践能力的培养，通过小组合作或者个人考核的方式，帮助学生提高实践技能；第四，评价环节，评价和反馈的有机结合有利于帮助学生认识到自己在学习过程中的不足，后期能够扬长补短，不断进步。

对于课堂活动的设计，需要坚持目的性原则和趣味性原则，在保证学生对知识能够深刻理解、夯实基础的同时，不忽略趣味性的渗透，不然就会使课堂氛围沉闷，形式固化。例如，可以借助游戏比赛的方式，将学生分成固定的小组来进行对抗比赛，对于最终表现优异、得分最高的小组，教师可以给予一定的奖励或者口头表扬，在这些评分较高的小组内再奖励表现最为优异的学生，这样既能够帮助学生建立集体荣誉感和自信心，又可以形成较好的表率作用，促使其他同学向优秀者学习，整体性提高课堂的教学效率，尽快达成教学目标。除此之外，教师在对成绩较好的小组团队予以表扬的同时不能够忽略其他小组，需要对其存在的问题予以归纳和解决。在课堂活动的最后，教师要设计一定的评价环节，对大部分学生都容易出现的问题予以归纳分析，对课程章节中的重难点细节再次进行强调，以充分引起学生的重视。

（五）课后活动设计

课后活动设计包括课后巩固活动设计和课后评价设计两大部分。在课后巩固环节，教师要从翻转课堂的目的出发，帮助学生掌握理论知识，提高实践技能，因此可以借助绘制概念框架图的方式，评价学生的综合掌握情况。每名学生都需要提交概念框架图，将自己日后需要注意的重难点进行标注。除此之外，为了能够考核学生的实践能力，教师可以在课后要求学生完成与教学内容有关的实践活动。在课后评价环节，可以借助小组互评和教师评价两种方式，让小组成员之间通过优势和劣势互补的方式加以配合，形成互帮互助的良好氛围，促使每名学生充分发挥个人优势，在学习他人优点的同时弥补自身的不足。

三、翻转课堂实施要点及保障条件

（一）翻转课堂实施要点

将翻转课堂引入会计教学过程中，在具体的落实环节需要关注以下几大要点。第一，要确保学生在自主学习阶段拥有足够的自觉性。后续所有教学过程中的设计和落实环节以及保证最终教学目标的实现都有一个统一的前提，即学生在自主学习阶段能够完整地观看视频，并且收获一定的知识。如果学生无法进行自主阶段的学习，那么后续的课堂活动将不能顺利开展，自然也就无法提高教学质量。第二，要确保教师提供的教学资源有一定的趣味性。学生在自主学习的阶段不受教师的监管，受到周围其他客观因素的影响，这就要求教师提供的教学资源拥有一定的趣味性，能够充分吸引学生的注意力，抓住他们的兴趣点。第三，在设计课堂活动的过程中，要目的性和趣味性并存。在翻转课堂的教学模式下，学生已经完成了自主阶段的学习，而在实际的课堂上，主要是在夯实理论基础的同时培养实践能力，所以教师要充分重视课堂活动设计的目的性和趣味性，让学生有兴趣积极配合教师完成教学过程，达到良好的教学目的。第四，要注意课堂纪律的维持。不同于传统教学课堂上采用的"学生坐着听，教师站着讲"的方式，在翻转课堂的教学模式下，学生有了更多的主观能动性，教师将学生分成若干团队来参与课堂活动，所以需要对课堂纪律加以把控，以保证良好的课堂纪律，否则就会影响活动的落实情况，甚至还会威胁学生的安全。第五，反馈机制。对于学生在翻转课堂模式下的具体表现，教师要予以及时评价，以便其能够更好地进步。在传统的教学过程中，评价反馈的滞后性会在一定程度上影响学生的进步，但是翻转课堂解决了这一弊端，能够予以学生及时的、全面性的评价。

（二）落实翻转课堂的保障条件

要保证翻转课堂教学模式的正常实施还需要具备以下几个方面的条件：第一，部分学生在报考会计专业之前都带有盲目性，学习积极性有待提升。但是，学生应对新事物，特别是对高科技事物有着较强的接受能力，我们要遵从这些特点设计教学环节，翻转课堂的教学模式要符合学生的个性化特色。第二，学校信息技术和网络设备的完善至关重要。翻转课堂是在网络技术和信息技术的基础上出现的，所以想要落实发展翻转课堂在会计教学中的应用，学校就必须重视信息技术和网络设备的完善。第三，会计专业教材优化调整。翻转课堂应用着力于培养学生的实践能力，但是现阶段随着社会的进步，对于专业的财会人员的工作要求也在不断调整，翻转课堂培养的人才所具有的技能要符合社会的需要，所以教材内容与时俱进是必需的。第四，教师需要不断完善自己，以符合翻转课堂和信息化时代的要求。与传统课堂不同，学生在翻转课堂上主要以完成教师设计好的教学活动为主。基于此，从事会计教学的教师，除了必须具备一定的教学技巧和丰富的教学经验以外，还要维持好课堂纪律，把控课堂进度，这是确保教学活动顺利开展的法宝。第五，对教师予以精神激励或者物质奖励。有别于传统课堂，翻转课堂的应用本身对于教学教师而言就是一项突破和挑战。要想使翻转课堂在会计教学中得到大范围的应用，并且取得良好的教学效果，就需要对教师予以一定的物质奖励或者精神奖励，推动其使用翻转课堂积极性的提升。

四、将翻转课堂引入会计教学中的具体策略

翻转课堂是一个非常有效的教学手段，它是在保证学生完成理论学习的条件下，不断提高实践技能。在会计教学的过程中，多个教学章节都可以应用翻转课堂，下面以"复式记账与借贷记账法"为例深入探讨将翻转课堂引入会计教学中的具体策略。在会计专业的学习过程中，"复式记账与借贷记账法"是一大重点，也是一大难点，将会直接影响日后的学习过程。因此，将翻转课堂教学模式引入课前准备、课堂过程、课后反馈及评价反思三个部分，下面予以详细说明。

（一）课前准备

将翻转课堂引入会计教学过程中，教师要根据班级人数的实际情况对学生进行分组，每组确定一名组长，确保每位同学都知晓接下来的课堂活动和教学安排计划。在传统的教学过程中，虽然会有课前预习环节，但是由于课程内容较为庞杂，学生首次接触相关知识无法及时抓住重点和难点，而且教师也不会将自身的教学设计思路讲解给学生，所以预习效果不佳。在翻转课堂的教学模式下，教师要将自身的教学安排计划告知学生，以便学生能够达成更好的预习效果。翻转课堂教学模式在我国现阶段还没有大范围普及，所以如果去互联网上寻找相应的教学资源，很容易出现时间过长、重难点不突出的问题，这就要求教师要自行整理教学内容和重难点，自己录制视频传递给学生。

教师事先要准备关于"复式记账与借贷记账法"的多个短视频，每个视频保持在8～10分钟为宜。在录制视频的过程中，教师要充分参考学生自身的学习水平，逐级、逐层次地讲解内容，并按照会计知识章节制作短视频，为后期开展模块化教学奠定基础。采取模块化的教学方式，能充分激发学生学习兴趣，对制作的视频进行整理，生成目录，将视频、动画和课本的知识

融合起来，突出重难点的同时要建立知识体系。具体的视频内容包括借贷记账法的定义内涵、特点，借贷记账法下的账户结构，借贷记账法的具体应用。教师要控制好每一个视频中的知识含量，对知识点合理划分，结合理论知识和实践操作，将知识内容细化分类。教师可以借助动画形式、动态展示效果等，帮助学生理解知识。例如，学习"投资项目财务评价指标"这一模块时，教师可以借助制作曲线图的过程，直观地展示经济寿命周期。在"复式记账与借贷记账法"模块中，具体的教学目标分为以下三项：①情感目标，通过对"复式记账与借贷记账法"的学习，树立对本专业的学习信心，能够培养基础会计扎实严谨的工作态度；②能力目标，参考不同的经济业务画出不同科目的账户结构并展开试算平衡；③知识目标，掌握借贷记账法的定义，区分单一记账和复式记账的区别，了解记账规则以及记账符号等。比如，在"计提坏账准备业务"的相关内容学习过程中，教师可以结合实际情况，将其中的内容直接设计为某企业在日常经营管理过程中，已经连续两年出现应收账款余额以及整个过程中出现的坏账损失问题。在这一背景下，企业必须要从中得到相对应的资产负债表、坏账准备等，这样才能为企业的日常运作提供有效保障。通过这种类型问题的提出以及这些问题在实践中的有效落实，引导学生针对这些问题进行思考，主动了解和认识教学内容。除此之外，教师还可以将理论知识分为预测、规划、控制、决策、考核等模块，将模块化知识点制作成完整视频，在激发学生学习兴趣的同时，提高会计专业学生的综合能力。

教师提供了充足的教学资源，将其上传到校园云平台之后，还需要配备一定的解说词，以利于学生在观看视频的过程中能够更好地理解知识点。除此之外，教师还要积极鼓励学生开展自学行动，学生根据教师要求自行进行学习，可以下载观看、在线观看视频内容，并且参照任务单要求绘制出本章节的概念框架图。虽然教师对学习模块的重难点在视频中作了梳理，但是不可能涉及全部的教学内容，为呼应翻转课堂内容，教师在教学中应注重让学生自主解决问题，必要时对学生进行点拨、指导。例如，在课堂教学开始之前，让学生针对自身的特点列出本节课需要完成的目标，让学生向着完成目标的方向努力，提高学生自主学习能力。一般情况下，由于学生本身存在个体差异性，他们在预习完成之后，对视频当中所呈现出的内容也会有不同的理解，所提出的问题也具有明显的不同。这时候，学生就需要将自身在学习过程中无法解决的疑难问题记录下来，汇报给组长，由组长整理好表格汇总给教师，教师以学习任务单的具体情况为参考依据，调整接下来的教学活动。

推行翻转课堂的教学模式对部分自控能力不佳的学生而言具有一定的挑战性，因此需要教师的辅助，教师可以布置一定量的学习任务，督促学生完成自学任务。

（二）课堂过程

针对"复式记账与借贷记账法"的学习目标，教师要合理组织和开展课堂教学活动。第一，学生自行学习，自行总结出关于借贷记账法的定义、特点等概念的基础知识。第二，参考教师给出的理论知识模板，对自己总结的基础知识加以修正。第三，以实际的经济案例为参考，画出不同账户类别的基本结构。第四，编制会计分录，登记各类账户，进行试算平衡实验。将翻转课堂引入会计教学中，有利于师生互动。教师承担了知识引导的角色，需要对学生出现的问题及时予以疏解，不断深化学生的自学内容。教师先按照不同的组别将问题发给组内成员，让学生积极地讨论交流，目的是让学生之间建立合作学习的氛围，引发学生自主思考。在这个过程中，教师要协助学生一起解决问题，待问题解决之后，由组长将结果汇报给教师。每个学生都有各自的思考和观点，最后归纳出一个结果的过程就是对知识再度梳理的过程。在小组的正常沟通和交流中，小组成员可以对一些简单的问题进行处理，教师则可以通过一些测试对学生解答问题的正确率进行评估。在这个过程中，教师要对正确率较低的问题进行重点讲解，将正确率较高的问题交给学生在小组内处理。在翻转课堂教学过程中，通过现场提问、补充回答和学生抢答等方式都可以很好地检验学生的学习效果，学生也可以在课堂上收获自信，展示出自己对理论知识的了解程度，获得教师的表扬和激励，还能认识到自己和其他同学之间存在的差距，为日后的学习进步奠定基础。在课后，教师需要布置作业帮助学生对所学知识进行深化巩固，提高学生的实践能力。具体来说，课后作业可以是练习题，也可以是实践范例。在实践技能上，教师可以让学生上台操作具体的会计仿真软件。比如，在学习 Excel 中的财务函数时，教师要先让学生在上机前观看对应视频，了解教师的规范操作，对课本中对应指令有清楚认识，然后引导学生对照课本中的操作知识进行上机学习。学生在学习中应结合财务信息及任务，选择合适的函数，通过规范操作计算机，输入信息完成工作。教师在学生上机操作的过程中，要注意观察学生的操作，及时发现问题并解决。例如，"Excel 在会计工作中的应用"这一章节，涉及 Excel 的一些基础操作（如分类汇总、筛选、排序等），部分学生本身已经掌握了这些操作技能，但是并不具备将其和会计核算相融合的水平，这就要求教师要了解学生的计算机使用水平，引导学生在具体的财务信息处理上进行操作。教师也可以在课堂结束后，为学生布置会计电算化、基础会计、成本会计、财务会计等方面的学习任务，将课堂上涉及的知识及 ERP 软件操作规程的练习作为作业，让学生在课下自主完成。在下次上课之初，教师可借助书面检查、收作业、学生之间交叉检查或者提问的方式，检查上节课布置的作业的具体完成情况。除此之外，随着学习通、QQ、微信等的广泛普及，教师可以借助这些交流软件对学生进行指导，对他们遇到的重难点问题予以解答，帮助学生提升专业会计能力。

（三）课后反馈及评价反思

传统教学模式下的评价只是对学生的课堂表现、学习成绩等方面进行简单的评价。在翻转课堂教学模式下，这种评价方法有所调整，教师和学生都能够对课堂内容进行评价，不管是对教材的设定、学生的自主学习能力，还是对课上、课下的作业完成程度，都能够进行全方位的反馈。比如，教师在实际教学中要着重关注学生的自主学习效率、实践能力等，并以此作为评价指标，结合知识的重要程度，对知识进行不同等级的划分，从而对学生的学习能力进行评价。学生可以对教师的讲课方式、趣味性、深入性等方面进行反向评价，这也是教师获得学生反馈，并提升自身教学水平的重要方法。评价与反馈的方式复杂多样。学生对教师的评价可以以小组为单位，开展及时、公开、公平性的考核；教师对学生的评价则主要以学生的课堂表现、学习效果以及作业完成情况等为依据，及时反映学生学习的真实水平。此外，教师还要引导学生观察，相互评价。当然，这种评价并不是要让学生相互挖掘对方的缺点，而是要相互督促，共同进步。教师通过多元化的评价方式，能够及时解决教学中存在的诸多问题，从而提升课堂教学水平。

第二节　微课在会计教学中的应用

一、微课的内涵及特征

微课是由教师制作的微视频，其内容是针对性地对某一知识点、某道习题或者技能等进行视频讲解的示范，这是一种全新的教学模式，很好地融合了教学过程和相关资源。微课的主要呈现方式就是微视频，具有短小精悍、有针对性的优势。微课的主要内容不但包括录制的教学微视频，还包括各种教学方案、课后练习、课后总结等多种内容，这些内容相互融合构成了一个拥有明确主题结构且较为完整的资源应用环境。微课教学模式改善了传统教学模式单一的弊端，并且相较传统教学模式来说，更具有针对性，是一种以传统教学模式为基础的新型教学模式。微课可以由教师亲自制作，也可以从网络下载资源。微课起源于网络，学生可以通过一部手机或者其他移动设备就能在零散时间进行学习。然而微课不仅适用于线上教学，还适用于线下教学，在课堂中采用微课教学模式，更有利于提升教学效果。

微课的首要特点就是时间短，内容具有针对性。所有微课视频都是以学生需求、教师能力和教学资源为基础进行设计制作的。因此，虽然时长很短，但是内容往往是最具针对性和代表性的重点知识点，而且这些知识点对于高职会计教学来说是够用的。学生一般更倾向于短小精悍的学习材料，对冗长单调的学习材料很容易失去学习兴趣。因此，微课视频一般会精简课本中冗长大段的内容，将其浓缩成一个个小的视频片段，便于学生接受。微课视频的时长一般就是十分钟左右，对学生而言有针对性的内容，这样做有利于学生和教师针对某一特定问题产生讨论并解决。微课虽然时长较短，但是内容却很丰富，具备灵活的学习形式。微课视频包含了多种学习资源，如课件、课后总结、课堂活动、课后评价等，并不只是单一的一个教学视频。另外，微课灵活的学习方式使其在课后也能有所体现，学生在课堂上学起来有困难的部分，可以在课后自主观看教学视频，进一步巩固所学的内容，有利于提升学习效果。微课具有的明确主题和结构化教学，有利于学生自主学习，并在学习过程中不断自我总结。

（一）课堂教学

微课的主要表现形式是微视频，可以贯穿到整个会计教学课堂中，不论是从课堂导入、课堂知识点讲解，还是课后总结，都可以采用。微课教学可以更好地激发学生的学习兴趣，使枯燥的会计课堂变得活泼有趣。

高职会计教学课程中，学生对会计知识的掌握程度会有所不同，针对这个特点，教师可以有针对性地制作微课视频，使学生在课后也可以通过观看视频来巩固课上学到的知识。微课教学对导入新知识极为有效，教师为微课制作的微视频新颖且有趣，并且制作精美，以此作为课前导入材料，可以极大地激发学生的学习兴趣，顺利导入新知识。而对于课上一些比较难理解而又需要学生们掌握的知识点，教师还可以将这些内容集中整理，利用微课有针对性的特点，对学生进行重点教学，可以有效集中学生注意力，提升教学质量。微课虽然是一种新的教学模式，但还是以传统教学模式为基础。因此，教师必须对微课及传统教学做好过渡衔接，不仅要在课堂中体现微课的新颖，还不能忘了课堂上占主体地位的仍然是学生。并且要对微课教学配备适合的课堂探究讨论活动，这样才能更好地发挥微课的作用，提升教学效率。教师还可以将难点、重点知识以微课形式表现出来，加上图表等辅助说明，可以使学生更直观地理解知识点，融会贯通。只在课堂上学习会计内容是远远不够的，会计学习需要更大的环境，这就需要教师在课程设计上多添加一些课外内容，拓宽学生的知识面，使学生对会计学习有一个更全面的理解。

（二）提升学生自主学习能力

微课教学已经成为在线教学中的主要方式之一。利用互联网的共享性，学生可以随时随地观看教师制作好并上传到网络上的教学视频。相较以前，学生可以更灵活地进行自主学习，提高了学习热情和效率。

我国课程改革的目标是致力于提高学生的自主学习能力，通过课改改掉学生被动的学习方式，鼓励学生积极主动地自主学习，从而激发学生学习的兴趣和探究欲望，这不仅是课改的目标，也是我国选拔未来人才的标准。微课较传统课堂时间缩短了很多，并且内容有针对性，加上互联网的便利性，只需输入关键词就可以轻松搜索到，方便很多。另外，微课的时长通常控制在十分钟左右，这也符合学生的身心发展，因为大多数学生集中注意力的时间也在十分钟左右。录制的微课视频具备视频的一般功能，可以随时暂停播放，这就极大方便了对知识掌握程度不同的学生，学生可以根据自身的学习情况和接受程度控制视频的速度，增强学生自主学习的兴趣。另外，微课内容由教师上传到网络之后，学生不再受时间空间限制，可以随时随地想学就学，学习方式更加灵活自由，极大调动了学生自主学习的积极性，并且为学生能够自主学习提供了一个良好的平台。学生学习知识再也不会固定在教室，可以在寝室、食堂或者饭店等各种场所，随时随地观看视频自主学习，如果遇到不会的重难点内容还可以通过对视频的反复观看加深印象，直到全部理解，有利于学生掌握好每个细小的知识点，并逐步提升自己的会计专业知识水平。除此之外，教师还可以准备由学生自己独立完成的微课，提前给学生布置好需要自学的内容，学生了解到这些任务后自主学习会计课程内容，教师可以在之后的课堂中对学生的自学成果进行检验，学生也可以自行检验。由此可见，微课是一门可以极大促进学生自主学习的课程，通过微课这种形式，学生也可以更好地实现自主、个性化的学习。此外，微课的移动化、碎片化的特点，又方便了学生在课后随时随地对自己掌握不扎实的知识点进行复习。微课模式相比传统授课模式而言，对教师的要求更为严格，因为微课内容少了课堂的束缚，变得更为开放，这就要求教师不仅要掌握制作微视频的技术和手段，还要掌握在互联网中分辨良莠信息的能力，选择一些真正对会计学习有用的信息，这些都需要教师拥有一定的技术手段和付出一定的时间，不免会增加教师的压力。

（三）提升教师专业素质

微课是一个极度浓缩、产生精华的产物，在制作过程中往往需要反复推敲、修改直至完善，是一个可以在很短时间内展示成果的课程。因此，在制作过程中，会计教师需要反复观看视频是否符合自己的教学内容并加以修改，还要不断学习充实自己，可以在微课中加入更多的课外内容，这样才能准备好一堂微课。由此可见，微课对于加强教师自身专业技能具有促进作用，因为在制作微课的过程中，教师反复推敲，不断发现问题，反思自己，改正教学方法，学习新的教学观念，从而提升自身的会计专业技能。此外，微课还可以极大提升教师对信息技术运用的能力。教师通过制作微课，可以更好地熟悉信息设备，更加熟练地掌握对信息技术的运用，从而树立更具现代化的教学思想和理念。教师制作微课的过程本身就是一个不断反思与发展的过程。在这一过程中，教师可不断提升自己的教学能力。微课可以通过互联网共享到全国甚至是全球的资源中，教师可以通过互联网观看不同教师制作的视频，通过视频学习别人的教学内容和理念，彼此间再进行交流切磋。教师要善于利用微课这一教学模式并不断完善，使微课为高职会计教学做出更多的贡献。推行微课模式有利于利用信息技术对高职会计课堂的融合，推动高职会计课程的发展和教师水平的提升，高职的会计教学若能充分发挥微课教学的优势，可以极大激发学生的学习兴趣，对会计学习产生浓厚的兴趣并快乐地学习，这也有利于为社会培养高素质的、良好的会计专业能力人才。

微课作为一种新兴的教学方式和手段，因其"短、小、精、趣"迎合了时代需求和大众心理，也越来越多地被应用于教学当中。高职会计课堂中应用微课模式适应教学改革的需要，也适应时代的发展。同时，有利于会计课堂与信息技术融合发展，有利于促进会计教学的个性化自主化发展。微课新型教学模式，适应教育发展的潮流和趋势。微课教育模式在高职中的展开已经取得了一些成效。高职院校应用了这种新型教学模式后，有利于对会计人才的培养。这种教学模式不仅提高了学生自主学习会计的积极性与兴趣，而且还提高了学生主动学习的能力和意识。除此之外，微课教学模式对教师的专业能力水平提升也有很大的帮助。

二、微课教学实施的基本流程

以《会计学原理》这门课为例，分析微课在会计专业教学中的具体运用。

（一）前期准备

微课不仅包括微视频，还包括微练习、微讲义等。授课教师在授课时主要以登记银行存款日记账的知识点结合企业实务进行讲解，组织学生之间讨论，解答疑问，指导学生操作，引导学生理解流程，掌握登记方法。

1. 预习微课的设计流程

下面按照教学设计原理从教学分析、教学实施和教学评价三方面对微课进行设计。微课设计流程图如图 4-1 所示。

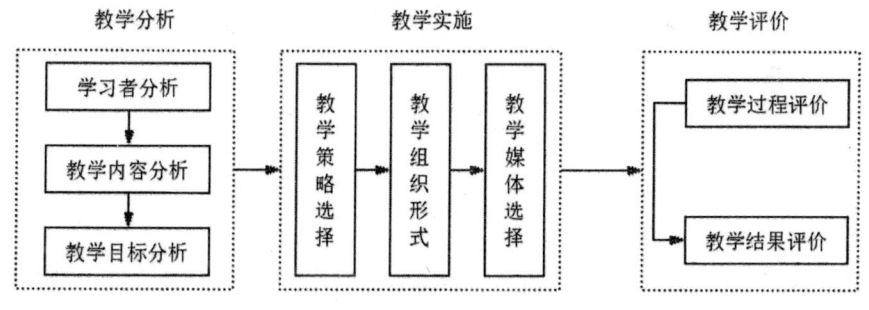

图 4-1　微课设计流程图

2. 学生分析

学生是会计学习的主体，其整体特征虽然是充满精力，思维发散，有较强的动手能力，但是缺乏学习的积极性。需要对他们进行学习方法的指导，并鼓励支持他们。由于没找到一种科学的学习方法，加之缺乏自主学习的意识，他们对会计的学习不扎实，许多知识点都不能详尽掌握，并且学到的知识不会学以致用，只能靠死记硬背。继续这样的坏习惯，只会产生不好的学习效果，造成越来越大的学习压力，产生更大的学习负担。这就需要会计教师完善自己的教学方法和教学内容，引导学生养成正确的学习方法，帮助他们进行自主学习。

（二）微课开发流程

为创设情境教学，下面以企业为背景，收集素材，参考网上微课开发注意事项等，对微课进行录制，具体流程如图 4-2 所示。

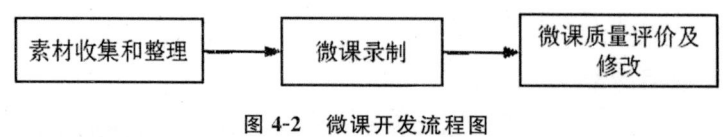

图 4-2　微课开发流程图

（三）真实情境素材收集

1. 走访企业，开发合作

为最大限度还原出纳工作，创设真实情境，学校与××企业形成合作，征询微课录制合作事宜，得到该企业财务负责人大力支持。教师在观察出纳登记银行存款日记账工作的基础上，搜集了银行存款收款凭证、银行存款付款凭证、银行对账单等众多素材，并且在征询出纳意见后，对微课教案和脚本不断修改，尽量使知识点的讲授贴近实际，创新授课形式。同时还拍摄了企业财务办公室环境、财务人员、账册资料、办公桌等，最大限度还原了财务人员的工作环境。

2. 多媒体素材收集

教学媒体包括图片、声音、动画、视频等。由于财务资料的保密性，部分素材无法从企业获得，如日记账完整页的展示、凭证的复印件等。因此，教师通过网上搜索，收集了这些账册的图片，以及多栏式日记账账页等企业不具备的会计资料。

（四）微课录制

微课录制方法主要有以下几种，如屏幕录像软件录制（录屏软件＋

PPT）、可汗学院式（由录屏软件＋手写板＋绘画软件组成）、视频摄制工具拍摄（手机或数字摄像机＋视频编辑软件）、混合式录制。本专题微课的录制是视频拍摄和录屏软件的混合使用。

拍摄时间：××××年××月。

拍摄地点：××企业财务处。

拍摄工具：相机、三脚架。

拍摄对象：财务处会计、出纳，负责操作演示、讲解。

摄像师：教师，负责镜头设计、录像、剪辑。

拍摄过程：为减轻人员干扰和噪声，视频拍摄选在中午午休时间，光线明亮、拍摄清晰。演示者提前熟悉教案，了解流程和注意事项，并按照脚本和要求模拟一遍，以使录制时更加顺利。镜头聚焦在演示素材上，重要处进行放大特写。在拍摄过程中，镜头切换平稳，跟随演示者动作拉近或放宽视线，演示者只是在视频的开头和结尾出镜，以保证学生注意力集中，减少干扰。由于演示者都是工作经验丰富的会计人员，操作顺利，因此各条镜头基本不用重新拍摄，拍摄可在 10 分钟之内完成，总体平稳顺利。

录屏录制：按照建构主义的案例—问题—讲解—启发—应用教学模式，微视频的开头和结尾需要 PPT 分别列出问题和进行小结。教师采用 Camtasia Studio8 和 PowerPoint 2010 进行录制，插入声音，并保存为视频格式。

后期编辑：采用绘声绘影软件对拍摄视频和软件视频进行剪辑，删除不合理的部分，对视频进行编辑。

（五）微课质量评价

教师为了检验微视频制作的质量、微课设计的合理性，以及学生对微课教学的适应程度，给教研组提交了这次专题微课，并且整理了同事对本次专题微课的看法和意见，让他们对微课教学进行打分。除了整理各位教师的意见之外，还随机挑选了会计专业的四位学生，让他们谈谈自己对这种微课程的看法并进行打分。同时，让学生指出对于微课还有什么意见。调查以后，教师对两者提出的意见和建议进行整合梳理，应用到微课整改中，促进了微课程的更好发展。

（六）微课修改

在参考同事和学生意见的基础上，教师对该知识点微课主要做了三方面调整：第一方面视频时间由原来的 9 分 20 秒缩短到 7 分 09 秒，删减了一些不重要的画面，重点突出代表性知识点；第二方面是将镜头做了调整，专注于账册及动作；第三方面在视频中增加与学生的互动，通过提问、鼓励等，与学生保持交流。

三、微课在会计教学改革中的实践设计

（一）教学内容分析——微课选题

1. 微课内容选取原则

（1）知识点为重点、难点

微课设计和应用具有针对性，有的放矢，目的在于解决教学中的重难点问题，体现价值性。在技能型知识点教学中，重点是培养学生的会计基本技能，掌握会计核算方法，而难点是技能和方法的抽象性。

（2）以技能型知识点为主

从教学方式视角，将微课划分为讲授类、实验（实践）类、操作类、练习类、讨论（研讨）类、表演类、合作学习类、自主学习类等类型。鉴于专业性强和学生零基础的特点，《会计学原理》基本概念和基本原理适用于讲授法，以学生为主体，由教师引导、传授知识。基本技能和方法是原理的应用，学生已具备专业知识，在这个阶段重点是培养学生的动手实践能力、解决问题能力和实际应用能力，部分学生需要先模仿、后识记，微课在技能型知识点教学上有独特的优势，学生可以随时看、重复看、选择看，而对于需要长时间持续探讨的课程，或是对复杂解题过程的讲解，微课便不能达到较好的效果。

目前技能操作部分学习资源少，部分知识点在操作上没有统一口径，如

日记账的登记，教材规定应该日清日结，但在案例分析中是日清月结，前后矛盾的地方比较多。因此，教师拟选择技能型知识点制作和应用微课，丰富教学资源，统一操作规范。

（3）内容可分解性

微课是碎片化学习环境下的产物，主要是针对某个知识点或教学环节而设计构建的，短小精悍，时间一般控制在 10 分钟以内。在内容选择时要考虑内容的可分解性，即该内容是否可以分解成知识单元，是否可以进一步分解成若干知识点。

2. 教材分析

《会计学原理》是财经专业学生的必修课程，是学生接触到的第一本专业课教材。如果将会计专业课比喻为金字塔，《会计学原理》便是塔基，其中的核心概念将贯穿会计专业学习的始终，为后续学习《企业财务会计》和《财务管理》等专业课做铺垫。从高职考试分数比例来看，《会计学原理》分值共占专业课总分的三分之二，凸显了高职更重视学生基础知识和基本技能的训练。

以高等教育出版社出版的《会计学原理》第四版为例，本书共九章，可以概括成两部分。第一部分是基础理论，包括会计概念、特点、核算对象、会计要素、复式记账等；第二部分是基本方法和技能，包括填制和审核凭证、登记账簿、编制财务报表等。

《会计学原理》课程有两大特点：第一，概念多且复杂。《会计学原理》课程概念众多，其中大部分来自《企业会计准则》，表达严谨、抽象、科学、统一，理解难度较大，如"会计事项"和"会计对象"的概念就十分相近，不容易辨别。学生第一周上课表示"不明白在讲什么"，从第二周开始进入学习状态，但仍然存在靠死记硬背记住概念的现象。第二，重视基本技能。本书从第四章起直到第九章都在介绍技能操作。会计专业培养的是技术型应用人才，不仅要懂会计知识，还需具备实际技能方法和动手操作能力。会计技能包括填制和审核凭证、登记账簿、编制报表等，《会计学原理》介绍的是基本技能，重基础、重视培养学生对会计操作的系统认知。

（二）教学目标分析

开展微课的原则有以下几个方面：在选题方面，坚持以微课的基准为原则；在目标体系方面，以著名的布鲁姆体系为主要标准，部分微课教学目标分析见表 4-1。

表 4-1　教学目标分析

微课内容	认知领域目标	动作技能领域目标	情感领域目标
填制收款凭证和付款凭证	认识两类凭证的格式；能正确判断两类凭证使用范围；了解凭证签字盖章顺序	能正确填写日期、凭证摘要；根据审核后的原始凭证正确、规范填制凭证；掌握凭证的装订	培养学生严谨、一丝不苟的工作态度
登记银行存款日记账	了解账簿格式；能正确判断银行存款日记账登记依据；掌握登记要点	熟练掌握银行存款日记账摘要、凭证字号、日期的填写；能根据记账凭证准确填写日记账上账户、方向和金额；正确计算账簿余额；掌握日清日结	通过根据凭证登记账簿这一环节，引导学生做事要专心致志、心无旁骛
登记银行存款总账和明细账	了解银行存款总账和明细账账簿格式；能判断这两类账簿格式在不同分类标准下的定义；掌握平行登记的概念，熟识平行登记的要点	能根据凭证及平行登记要点，准确无误登记银行存款总账和银行存款明细账；掌握总账和明细账的对账方法	总账和明细账平行登记较为复杂，通过本节学习培养学生沉着、稳重的工作性格，有独当一面的信心

续表

微课内容	认知领域目标	动作技能领域目标	情感领域目标
银行存款账册错账更正	掌握三种错账更正方法的适用范围；能正确使用错账更正方法进行错账更正	掌握错账更正方法的操作，保证错账更正一步到位；能正确填写更正凭证和账簿上的摘要；能在规定的地方签字盖章	通过更正方法培养学生耐心细致的态度，会计核算力求准确无误。同时要有责任意识，谁做的账谁负责

（三）教学策略及组织形式

开展微课则是以学生自主学习为基础，是在以启发式教学为主要策略的基本构造上搭建的。而在启发式教学中，教师通常采用多种方法来激发学生学习的潜能，以提高对问题的理解和分析能力。同时，还能推动学生之间进行积极的合作，以促进学生养成"合作共赢"的先进意识，对未来的发展产生举足轻重的影响，而实现这些目标的主要途径则是创设情境、设置问题等。

（四）教学媒体选择

电脑、投影、PPT 等。

（五）教学评价

一般来说，教学评价可分为过程性评价和结果性评价两类。过程性评价则主要体现在微课实施之前，而结果性评价则具体体现在微课产生应用结果之后。首先，教师通过各种方式（如问卷和访谈等形式）将各个参与微课的个体对该微课的看法进行收集和有关分析。毋庸置疑，以上措施为微课质量的提高提供了一定的保障。其次，要想学生在课前预习和课堂学习等阶段达到一定的预期效果，就必须对学生进行监督和规范。最后，非理性认知方面的预习。这个侧重通过以下实现途径：对多组学生的检测成绩进行不同方面的对比；评价总结微课应用结果；对参加此次微课活动的各个不同主体进行多种方式的咨询，并以此来征集有关人物的心得体会和感受。

（六）形成教学方案——以"登记银行存款日记账"为例

按照以上分析，以典型的"登记银行存款日记账"为主题的教学方案的形成，在一定意义上是受以下设计思路的影响的，见表 4-2。

表 4-2 "登记银行存款日记账"微课教学方案

微课计划名称	登记银行存款日记账	授课班级	××班	班授课教师	×××
教学目标	（1）认知领域教育目标：了解账簿格式；能正确判断银行存款日记账登记依据；掌握登记要点 （2）动作技能领域教育目标：熟练掌握银行存款日记账摘要、凭证字号、日期的填写；能根据记账凭证准确填写日记账上账户、方向和金额；正确计算账簿余额；掌握日清日结 （3）情感领域教育目标：通过根据凭证登记账簿这一环节，引导学生做事要专心致志、心无旁骛				
学生分析	从学生登记凭证表现来看，部分学生还存在不细心、不自信的现象，大部分学生能较好地解决单一问题，但既涉及凭证又涉及账簿时，动作可能会放慢，且部分学生思路会混乱				
教学重点	银行存款日记账的登记过程；日清日结的操作				
教学难点	判断银行存款日记账登记依据				
教学策略	启发式教学策略				
教学方法	演示法、讲授法				
设计思路	简单介绍出纳日常工作，展示银行存款日记账的格式，通过出纳演示，让学生直观感受登账流程，对本课题学习有系统认识				
作业布置	根据若干张收款凭证和付款凭证，登记银行存款日记账				
教学评价	微课用于技能课课前预习，让学生对技能应用有提前认知，缩小学习水平差距，更顺利地完成知识构建				
教学小结	（1）银行存款日记账格式 （2）银行存款日记账登记依据 （3）银行存款日记账登记过程				

（七）微课脚本设计

相对而言，脚本是一种根据特定的样式而编订的文体类型，其性质是一种具有特殊性质的表现性语言。而进行脚本编写必须遵循以下原则：学科严谨性原则；针对性和具体性原则；语言表达精准得体原则；注重趣味性原则。以微课"登记银行存款日记账"为例，脚本设计见表 4-3。

表 4-3　"登记银行存款日记账"脚本设计

教学环节	画面	解说词	设计目的	时长
引入	镜头：财务办公室，展示办公室环境，包括橱柜、办公桌、电脑桌面特写：出纳展示银行存款日记账账面、账页	各位同学，本节课我们将学习银行存款日记账的登记。今天教师先介绍银行存款日记账，银行存款日记账和现金日记账一样，都属于特种日记账。一般日记账保管 15 年，但它们要保管 25 年。现在向大家演示企业里银行存款日记账的登记方法	介绍银行存款日记账基本情况，让学生了解实务	30 秒
账簿登记依据	镜头：出纳展示会计凭证，一张银行存款收款凭证、一张银行存款付款凭证、一张现金收款凭证、一张现金付款凭证特写：现金收款凭证	出纳：现在请大家看一下这些凭证，有银行存款收款凭证、银行存款付款凭证、现金收款凭证、现金付款凭证。会计核算流程是凭证、账簿、报表，登记银行存款日记账的依据应是含有银行存款科目的凭证，所以我们需要先把银行存款收款凭证、银行存款付款凭证整理出来，它们是登记银行存款日记账的依据。同学们看下，我有没有漏掉什么？对，还有现金收款凭证。因为现金收款凭证上也有银行存款	（1）明确登账依据（2）"现金收款凭证"是登记银行存款日记账的依据之一，学生经常遗漏这点	1 分钟30 秒

续表

教学环节	画面	解说词	设计目的	时长
登记方法	镜头：出纳根据××月××日银行存款收款凭证（银收××号）登记日记账	出纳：银行存款日记账是逐日逐笔登记，日清日结，维护资金安全。请大家观察银行存款凭证和日记账的共同点，它们都有摘要、日期、账户、金额、方向，登账其实是把凭证上该账户的信息登记到账簿上来，不需要做改变，但是需要百分之百的正确性，千万不能粗心大意。数字在书写时占空格二分之一，且稍微倾斜，保持美观、干净。数字不能连笔写，上一任出纳就是字写得太丑被辞退了（夸张，引起学生注意）。账簿登记好后，在凭证"记账"栏里打"√"，表示凭证已入账，避免重复登账	（1）登账步骤（2）登账方法（3）登账注意要点，解释为什么数字只能占空格栏的二分之一（4）凭证"记账"栏处理	2分钟30秒
日清日结	镜头：出纳日结	出纳：一日工作结束后，将当天银行存款发生额进行合计，结出当日余额，计算时一定要仔细，我曾因为账簿上差3块钱加班到半夜两点。一般平时不结余额，只在日结栏里结余额，这样可以避免计算错误带来的系列麻烦。在日结后，不需要画通栏红线，根据规定，只有在月结、季结和年结的时候才画红线	(1)强调工作严谨性，加深学生对会计工作的认知，端正态度(2)重申日清日结	1分钟
后续	镜头：出纳	出纳：一天工作结束后，将凭证、账簿收拾好，放到指定位置，保持办公桌和橱柜整洁	培养学生工作井井有条、注重整洁的习惯	30秒

续表

教学环节	画面	解说词	设计目的	时长
问题	PPT 展示	（1）银行存款日记账由谁登记 （2）银行存款日记账的登记依据是什么 （3）在登记时要注意什么 （4）银行存款日记账是日清日结还是日清月结	评价微课在学生预习中有没有发挥作用，效果如何	30秒

（八）微课教学过程中出现的问题

1. 部分学生学习自主性差

综上所述，微课的运用对有效提高学生课前预习效率，以及通过观察微课下载次数了解有多少学生使用微课预习的效果不错，可是在学生的实际运用过程中还存在某些缺陷，那便是某些学生对微课学习的资源利用率不高，经常出现下载之后没有充分利用的现象。反而在微课结束后，出现学生以看微课的幌子在运行软件中进行聊天、上网娱乐的非学习行为。因此，导致学生在使用微课进行学习的正确道路上偏离了方向，甚至对课前预习形成不重视的态度。当然，此时教师及时给予适当提醒、警告，学生对自身行为会有所改变，但需要强调的是，必须对学生进行时刻提醒。除此之外，学生进行微课预习的过程中还存在一定的障碍，而这些障碍则主要体现在思维方式方面，即指学生在学习过程中，已经形成了"寻求教师帮助"的定向思维，从而使学生运用科技手段来解决有关学习问题的思维难以形成。

2. 微课不能随时观看

当然，在学生使用微课进行预习的过程中，还存在着时间和空间上的障碍。①时间方面的障碍体现在：学生运用微课进行学习的时间仅是在学校的空余时间，导致时间上太过于死板，从而形成了固定的时间局限。②而空间方面的障碍则体现在：学生本人在电脑上观看微课，导致学生将微课学习的地点牢牢锁定在机房，而机房的开放时间又有一定的限制，这必然导致学生严重缺乏使用微课进行学习的机会。但这些问题并不是毫无办法的，如学生可以利用在家学习的空余时间，将微课课堂引入家庭生活中。除此之外，学生还可以通过与其他同学、教师进行积极的讨论，及时解决相关问题。

3. 小组合作不积极

在普遍情况下，实验组通常采用小组合作的模式来解决相关问题。然而，在实践中还是存在一些不容乐观的情况。比如，仍有少部分的学生缺乏学习的主动性、积极性，导致跟不上大多数人的步伐。此外，还存在另外一类情况，即团队中的某些成员运用微课进行课前预习的某些障碍，导致其无法与其他成员进行密切的配合，这就决定了这个团队无法达成理想的预期效果。除此之外，团队中还有相当一部分人由于性格的差异，导致即使已经对知识点有了准确的把握，仍然难以积极融入集体的共同话题中。当然，并不能因为该缺陷是由学生自身造成的，便对此类行为置之不理。对此，有关学者提出了如下具体的解决措施：进行小组成员的重整；重视学习成员主体差异性、层次性；考虑将这类学生作为发言的重点人物来进行培养，以此来改善目前的状况。

第三节　慕课在会计教学中的应用

一、慕课的起源与特征

（一）慕课的概念

慕课是近些年来开放教育领域出现的众多全新课程模式的一种。慕课这类课程并没有存在很长的时间，因此，不难推测出该课程术语的结构体系在一定程度上是不完善的，还有诸多疑问仍需解决。但我们并不能因此而忽视慕课的重要作用，而应对其进行客观评价，我们应该从多个角度来探索解决这些问题的方法，这就要求我们不单要从慕课这个客体出发考虑问题，更应该从主体本身来寻找解决问题的方法。例如，学生在遵循慕课原则的基础之上，应善于从自身条件出发，为自己选择最快最好的学习方法与技巧，以促进自身圆满完成在线学习、互动、考核、测试等基础环节，帮助自己掌握学习的精髓，以获得相关方面的认证，也推动自身向更高的方向发展。正因为慕课具备以上的优势，所以引起了许多国家和地区的高度重视，甚至建立了一些专门研究慕课的专业机构，用于对慕课多方面的具体探索和研究。即便如此，各个国家、地区、不同流派之间对慕课的讨论也是截然不同的。而产生这些现象的原因，无非是各国的经济、政治、文化的发展方式及结构构造的差异性。

从浅显的层面上来看，慕课单是一种规模较大、在线率较乐观、开放性较高的课程模式。从较深层次的角度出发，慕课属于学习课程的一类，它具备以下特点：靠信息技术获得；具有相对的公益性特性；对于参与的人群没有社会地位、道德素质、伦理思想等任何限制。还有一种解释将其归纳为远程教育最新的发展成果，把慕课看成无严格人数限制的、具有广泛主体性的在线网络课程。同时，对于学生而言，它的运用还存在以下优势：提供课程视频成品；提供具体的阅读材料和问题试题；提供用于交流的平台。当然以上优势产生了一定的效果，那便为学生和教师的交流创造了一个良好的条件与途径。

（二）慕课产生的背景

从历史追溯至今，信息技术的发展为世界政治、经济、文化等重要领域带来了翻天覆地的变化，慕课这一教学形式也无时无刻不受信息技术发展的影响，甚至促使其发展成全世界教育领域一项瞩目的成就。另外，不能否认的一项事实是，慕课的发展必然会推动教育的发展走上另一个高峰。

1. **大数据时代的产物**

由于受高速发展的信息技术、日益普及的互联网影响，人们的工作、生活、学习各方面都出现了翻天覆地的变化，集体呈现网络化趋势，这为人类各方面的发展提供了技术层面的支持。不仅如此，在线教学方面，信息技术的发展以及互联网的普及更是为学生提供了无数便利。例如，为所有学生提供无地域、空间限制的学习资源，极大提高了学生与教师之间的交流频率。同时，人们的社会活动由于受网络信息技术的影响发生了与日俱增的、不可估量的变化，还使以前难以完成的理想变为现实。其中，比较常见的例子是智能手机、平板电脑等现代化信息技术产物的出现，不仅可以打破人们进行学习活动的时空限制，而且还能极大提高学生的学习效率，突破以往在线教育学习的常规标准。

2. 传统教育的弊端

万事皆有利弊，传统教育当然也不例外。相对而言，传统教育的弊端在于过度限制学生的学习场所，注重以固定的思维习惯来限制学生的学习方式，严重忽视了学生本身的独立思考和学习能力，导致其潜能被埋没，思维被限制。因此，这就警示我们在学习的过程中，不仅应该根据自身的具体情况来选择适合自己的课程以及学习方法和策略，还应该充分利用网络这个媒介来进行学习。因为，在网络上学习存在着很多的优势，如具有更加灵活的时空选择。除此之外，这也对学生自学能力、学习效率的提高有着巨大的推动作用，这种设计不仅能培养学生独立的学习能力，更为重要的是，此类学习模式更能引起教师和学生之间的共鸣，从而达到意想不到的效果。

3. 优质教育资源分布不均

随着社会的变迁和高科技人才的迫切需求，我国的优质教育资源与人们日益增长的精神文化需求形成了极大的反差，甚至出现了教育资源在各地区分布极度不平衡的现象，这便使我国的高职教育出现"供不应求""想学而无法学"的尴尬局面，导致诸多的高素质人才大都选择国外深造这条路。当然，上述现象必然会使我国的高素质人才出现严重短缺的现象，这极不利于我国建设社会主义科技强国目标的实现。这时，我们便可以充分发挥慕课的相对优势，将其广泛运用于教学之中，如此，不仅可以实现资源的有效共享，而且还可以在很大程度上满足人们的急切需求。

（三）慕课的产生及发展

慕课的发展历史并不是很悠久，即便如此，它仍是来之不易的互联网时代的发展成果，因为它有着一段十分悠久的沉淀过程。它的悠久历史甚至可以追溯到 20 世纪中期，那时，曾经出现过一项强调以网络技术革新为重心的教育系统，而此系统的功能则主要是应用于学习过程中，以提高学习的效率。自此之后，由于受该理论系统的影响，在世界的教育体系方面还掀起了一股革新的热潮。

在慕课发展史上，2007 年是具有纪念意义的一年。因为，在这一年的秋天，美国学者戴维·维利首次以 Wiki 技术为基准研发了一门更加先进的课程，那便是著名的"开放教育导论"课程。而这一课程的突出特点体现在以下两个方面：第一，该类课程的内容来源于参与该课程的不同个体；第二，这是一门三个学分以研究生为主要主体的在线课程。这就从另一个方面凸显出学习者的突出地位：既是该课程的消费者又是该课程的生产者。不得不说，这类课程的设计确实十分有新意，而且其中还包含着十分丰富的内涵。所以这类课程必须要求教师与学生密切配合，每个学生还要用开放的心态去接受不同的观点，除此之外，还要求学生必须将理论运用到实践中去。同时，它还为有关教育技术平台的发展提供了借鉴意义。

在此后的一年中，2008 年"慕课"的概念也出现了，而为此课程命名的是加拿大爱德华王子岛大学的网络传播与创新主任大卫·柯米尔与国家人文教育技术应用研究院高级研究员布莱恩·亚历山大。在这一年的 9 月，还发生了一件具有轰动性的事件，两位相关的研究专家在"慕课"这一概念的基础上，相继创造了"连通主义理论"这一新的慕课分支（加拿大学者乔治·西蒙斯和斯蒂芬·唐斯）。而且，这类课程还具有巨大的吸引力，具体体现在：课程内容兼容并蓄、容纳百川；课程凝聚了无数专家学者的毕生心血，融合了多种先进思想，形式更是十分多样；该课程规模巨大，且采用了先进理论和新型教学法。

慕课还有一种课程（即 CCK08 课程），其所有的教学内容都可以通过固定的软件来进行学习。除此之外，学生还可以根据他们自己的意愿来进行有选择的学习，而且学生还可以选择相应的学习工具，具体内容如下：采用固定的软件由学生进行交流互动,在此基础上还可以适当参加线上讨论、进行文章创作。同时,我们还可以在虚拟的网络环境中体验不一样的学习经历(这里尤其是指参加同步在线会议)。而对于这一方面课程的实施也是有实例的,当时,很多的专家学者或教授都从不同的角度对慕课进行了不同程度的实践。而且,将其在世界范围内进行了有效推广。由此,我们不难看出,这类慕课的基础是连通主义学习理论。

在 2011 年的秋天,还有另外一个重要的成就诞生在美国。一个具有典型意义的"人工智能论"新型课程,在美国斯坦福大学教授塞巴斯蒂安·史朗等著名学者的努力下华丽诞生,这一类课程具有巨大的吸引力,将无数对慕课感兴趣的人聚集在一个统一的平台,并在此完成了有关的课程学习,也正是由于这一形势的出现,掀开了慕课的新篇章。

史朗是谷歌×实验室的创始人之一,他领导了包括谷歌眼镜、无人驾驶汽车等多项创新性技术和研究,又在教育上开辟了新的道路。在 2012 年,他将震惊世界的慕课平台创建起来,并在此后得到迅速发展。不得不说,这一事件具有巨大的意义,因为其不但引起了来自世界多方面教育领域的高度关注,而且被誉为教育领域的"头号事件"。而究其根源,无非是于该课程的特点所决定的。其具体特点如下:课堂内容质量优良;视频设计方式新颖;评价方式多样化;参与群体规模大等。而且,此类课程的发展不仅使全球的教育事业得到了更高程度的发展,而且还对人类文明史的进程产生了巨大的推动作用,更带来了文化史上的变革。

(四)慕课的特征

随着社会的日益变迁以及慕课发展的日益成熟,慕课呈现出了分鲜明的特征,具体体现在以下几个方面。

1. 大规模

与规模较小的传统课程相比较,慕课的"大规模"特征集中体现在学生的规模基本没有任何规定,一门慕课课程甚至可能有成千上万人参加。除此之外,还有另外一位学者对这一特征做出了不同的解释,即为数量巨大的学生、规模庞大的课程范围的综合体。然而，在这里大部分人都会有疑问，究竟要有多大的规模，才能算是大规模呢？那么，我们来举一组实例验证一下。就现阶段而言，慕课上课的学生，很轻易就能够达到几千人或是几万人，我们可以想象慕课的学生在未来的数量是不可估量的。因此，我们可以得出慕课是一种巨型课程的结论。

2. 开放性

慕课的另外一个特征是具有开放性。这里的开放性不仅指参加此类课程主体的开放性，而且还包括开课环境、开课内容、资源信息等来源的多样性。尤其是在美国，慕课更显示出别具一格的特色，在美国慕课的开展是以学生的兴趣为基础的。因此，这里的学生没有国籍、学历、地位之分，只要对该课程感兴趣都可以一起来参加，且参加此课程的程序也非常简单，仅需一个账号就可以进入该课程的全程学习。

因此，人们给"慕课"下了一个定义，即具有开放性的巨型课程才能称为慕课。因而，"慕课"学习的性质如下：一种将分布于世界各地的授课者和学生通过某一个共同的话题或主题自愿联系起来的方法。

3. 非结构性

从慕课的基本内容来看，依然存着一些不足，那就是绝大多数慕课提供的课程内容是比较零碎的、不系统的。当然，它的独特之处也是十分显著的，如其内容是多种知识系统的汇聚，因此它的知识系统是一个类似于网站的、四通八达的知识网络，凝聚了无数专家学者的思想精髓。除此之外，慕课的原始内容并不是一开始就被紧密地联系在一起的，而是通过慕课这个媒介而相互交融在一起的，从而构成了一个完美的知识系统。

从我国教育的基层出发，目前我国已经突破了微视频的局限，不再侧重于提供精准的课后辅导，而是充分突出慕课的媒介地位，以实现课堂性质的转变。

4. 自主性

一般而言，每个主体对同一名词的理解都是不一样的。所以，毫无疑问，自主性从不同的学者角度考虑必有着不同的理解。首先，从关联主义的慕课推崇者来看，自主性标志着学生可以根据自身的情况来设定适合自己的阶段性目标；其次，特定的主题限制内，时间、地点、质量、投入的精力等要素都是靠自己把握的；再次，课程学习的形式和程度也都是靠自己来衡量的；最后，其课程考查缺乏准确的标准。当然，特殊情况除外，但值得注意的是，学生都必须根据自己的真实情况来进行比较准确的评价，总之，这种类型的慕课完全依靠学生本身的自觉性。但是，从另外一个角度来看，除了极少数学者的看法，大多数学者都认为慕课的自主性是学生对自己学习体现出的认真、负责态度的象征。

（五）慕课的教学方法

慕课到底是怎么教的？又是如何学习的？慕课发展到今天，其教学法到底是什么样的？国内学者结合过去几年学习、体验、持续追踪国内外有关慕课及其研究报告的心得，从以下几个方面归纳总结了慕课教学法。

1. 分布式学习与开放教学

慕课的教与学是基于互联网的，因此，慕课教学法自然离不开互联网思维的影响，Web4.0、分众、众筹、分布式学习、开放内容与开放教学等，都可以归结为慕课教学的策略与特色。

其实，回顾慕课的历史，慕课的分布式学习与开放教学思想可以说是贯穿始终的。2007 年，科罗拉多州立大学（CSU）的戴维·威利基于 Wiki 技术，开设了一门在线的开放课程，来自 8 个不同国家的 60 位学生共同参与了课程的建设。该课程的学习可以说是一种产生式的学习，而不是消费式的学习，因为学生的学习本身就是课程建设的过程。因此，其课程最大的特色可以说是开放内容。

同年，一门名为"社会性媒介与开放教育"的课程在加拿大问世了。该课程的参与者主要是由来自世界各地的专家学者担任客座教授，在线参与课程与研讨。因此，该课程最大的特色可以说是开放教学。

在此后的第二年里，加拿大学者斯蒂芬·唐斯与乔治·西蒙斯又创造了另一个重要成就，即共同创建了一门名为"连通主义理论"的课程。这门课程之所以被公认为历史上第一门慕课，是因为它不仅融汇了无数学者思想的精髓；而且容纳了许多先进的思想；更令人惊叹的是，该课程还巧妙地应用了著名的学习理论和框架。

2. 带有测验题的、短小精悍的视频

视频作为教学材料，在远程教育与开放教育实践中的应用由来已久。然而，以往的视频课件由于缺乏互动，加之时间普遍过长，不符合互联网时代人们的认知规律。为此，短小精悍的在线教学视频开始受到人们的普遍欢迎，这也是微课盛行的原因。

其实，在现有的慕课平台和课程实践中，人们看到的课程视频，除了短小精悍之外，还有一个非常突出的特色就是在课程视频中嵌入测试题，这样看起来似乎更加短小精悍。这些测试题既是对学生在线学习效果的检查，同时，又可以使课程视频变得便于交互。

在慕课中的课程视频方面，特别值得一提的是，几乎所有的慕课都提供了短小精悍的课程简介视频，从而使学生在选择课程之前，对课程的目标、内容、形式以及学习成果有一个清晰、明确的认识，而这些短小精悍的课程简介视频本身又是对这门慕课的一种宣传和营销。

其实，在传统大学里，绝大多数课程简介，往往是高年级学生向低年级学生的一种口耳相传，而这种口耳相传难免会带有高年级学生自己的理解和认识，因此未必是全面的和正确的。在高职里，如果可以将慕课中的这些课程简介视频引入到现实的课程与教学之中，相信对于推进高职教育的学习会有很大的帮助。

3. 慕课学习是一种自觉、主动与自组织学习

慕课的学习是以学生自己习惯和喜欢的方式学习，是按照学生自己的步调和节奏来展开的学习，是完全基于个人兴趣、为了给自己设定目标所进行的学习。因此，慕课学习是完全自觉、自主、自愿、自控的学习。

4. 同伴评分与评估

慕课平台所常用的对学生各方面进行评价的方法是同伴的互评。这既是慕课平台与教师团队的无奈之举——面对众多的学生，的确没有更好的办法，同时，又可以说是慕课教学组织的一项创造和创新之举。而这种同伴互评或称为同伴评分与评估，在本质上是一种"同侪互助学习"。

"同侪互助学习"是一种新型的合作学习模式。它是学生在教师的安排指导下，被分配成互助小组，共同完成教师布置的任务。在非正式学习情境中，学生可以自发形成互助学习。这种教学形式可以看作是学生之间相互请教问题、开展与学习相关的情感交流、进行头脑风暴彼此启迪智慧等。

在几乎所有的慕课平台上，慕课平台管理者或课程组织者往往对学生之间的同伴评分与评估有一些明确的、具体的和基本的规定。

由于一门慕课可以吸引大批学生，其中不乏一些很有经验和有素质的学生。这些学生可以帮助和指导那些缺乏经验的学生。在某些情况下，学生之间展开的同伴互评完全可以用来协助授课教师的课程教学，并使作业的批改者和被批改者都能从这种"同侪互助"中受益。当然，对于慕课的同伴评分与评估，不同的人也有不同的理解和看法。一些学者认为，当慕课迎来了如此多学生的时候，这种"退而求其次"的同伴互评方法，似乎是不得不做出的无奈之举。

5. 实践社群中知识的建构

无论参与慕课的人数多少，每一门面向全球学生的慕课，其实都形成了一个全球性的、专门性的实践社群。

来自世界各地的学生自发地走到一起，完全自觉自愿地聚集在一个慕课平台上，为了共同的主题、兴趣、事业，在课程论坛中建立学生之间的互信，围绕课程内容和专题，开展基于网络的协作学习与合作学习，通过对话、沟通与交流，共享彼此的隐性知识，建立共同的实践，将在线习得的隐性知识转变成每一个学生的显性知识，运用于各自的学习、生活、工作与日常实践之中。在这样一个全球性的在线实践社群中，聚集着如此多的具有共同兴趣的人，形成了一个庞大的在线实践社群，来自世界各地的学生在这里建构自己的知识。

6. 连通主义学习

连通主义学习理论是由加拿大学者、教授乔治·西蒙斯首次提出的。它是一种经由混沌、网络、复杂性与自我组织等理论探索原理的整体。该理论认为，学习不再是一个人的活动，而是连接专门节点和信息源的过程。学习是一个过程，这种过程发生在模糊不清的环境中，学习（被定义为动态的知识）可存在于我们自身之外（在一种组织或数据库的范围内）。我们可将学习集中在将专业知识系列的连接方面，这种连接能够使我们学到比现有的知识体系更多、更重要的东西。

连通主义将学习看作一个网络形成过程，它关注形成过程和创建有意义的网络，其中包括技术中介的学习、承认当人们与别人对话的过程中有学习发生。连通主义强烈关注外部知识源的连接，而不仅是设法去解释知识如何在人们的头脑中形成的。因此，从这个意义上说，连通主义表达了一种"关系中学"和"分布式认知"的观念。

从某一定义上来说，慕课的学习在本质上也是一种对连通主义的学习。正因如此，我们可以找出以下规律：该课程学生的多样性；该课程学生都有着不同的目的和方法。同时，也正因为如此，不同学生即使在学习该课程的同一阶段时的思维方式、学习途径仍然不一样，更造成了不同学习主体有着完全不一样的学习模式、思维习惯。学生参与该课程的方式和模式不同，直接导致了学生的学习路径不同。从中，我们不难得出以下结论：慕课课堂的学习是学生个性化的体现，它决定了不同的主体必然拥有不同的交往方式、不同的思维方式、不同的学习模式。但不可否认的是，它的本质仍属于连通主义的学习。

归根结底，就学生方面而言，有一些行为不仅是一种监督和鼓励，而且还是一种连通主义学习的特色，如结伴学习、寻求监督与获得证书等行为，这一切都源于人的属性，即人类是一种社会性动物。

二、慕课在财务会计教学中的应用

（一）慕课在财务会计教学中的基础理论

西方国家对学习理论的研究主要有行为主义理论、认知主义理论、连通主义理论，具体比较见表 4-4。

表 4-4　各个学习理论的比较

项目	行为主义理论	认知主义理论	连通主义理论
重点	行为	认知	关系
分析单元	刺激单元	信息加工	网络节点
学习地点	个体	学校	网络
学习目的	经验获得	知识获取	素质提高
学习途径	刺激—反应	神经元	知识节点
互动结果	行为	知识	素养

行为主义理论认为在学习的过程中，主要是刺激与反应的联结，在某种特殊的环境中，当联结反应产生，学习本身作为一种学习活动就产生了学习行为，它所针对的是学生本人面对外界的刺激时，进行学习行为而进一步获得经验和知识的过程。行为主义理论强调的联结是比较直接的，而不是间接的。它主要发生在外部，并不产生于内部。这种学习理论有一定的缺陷，它忽视了存在于学生内部的活动过程。

在心理学不断进步的同时，人们对学习理论的研究也在不断地深入，因此，在这个过程中，认知主义理论就产生了。而认知主义理论所强调的是，在学生的脑海中形成一种特殊的认知结构，当环境对学生进行刺激的时候就有了认知过程。当这种理论学习在人的神经元之间形成了一个信息加工厂时，就把学生的主观能动性调动起来了。

随着信息时代网络技术的快速发展和进步，人们对学习理论的研究更加深入，其中主要以乔治·西蒙斯与斯蒂芬·唐斯为代表，他们所奉行的就是连通主义理论，这种新生的连通主义理论并不是对前两种理论的否定，而是在前两种理论的基础之上获得了更大的进步，其中所产生的信息工具方便人们进行交流。

（二）慕课对传统教学的颠覆

信息技术的进步，带来了教学的新一轮改革，而且对传统的财务会计领域构成了极大的挑战和颠覆，它主要体现在教学资源、内容、互动以及教学形式等方面。

1. 慕课对传统教学资源的挑战

传统意义上的财务会计资源是十分有限的，很多优质的教学资源是很难实现共享和开放的。传统的财务会计教学向社会传播仅是通过出版物的方式，而且个别时候是用精品公开课的方式来对社会进行公开的，很少能对慕课的教育改革提出实质性的意见。在大学中更是如此，精品公开课很少向社会进行开放。

在大学的会计教学过程中，存在教学的封闭状态和个别大学生对优质资源的垄断和对资源的独占，因此，慕课可以使财务会计教学的资源得到开放共享。而且在教学过程中，慕课能够使学生在教学平台享受到最优质的教学资源，并且能紧密结合企业的实际情况使水平突出的教师在群里脱颖而出。在授课过程中，通过微视频能够直观地接触到企业中最新的原始凭证、记账凭证、会计报表等资料，并且能够书写规范、掌握各种凭证和账表的填列以及注意事项等。而且在此过程中，通过模拟仿真软件进行模拟中的实现，从而提高学生的学习热情与效率，使课堂更能吸引学生的兴趣。

2. 慕课对传统教学内容的挑战

传统财务会计教学与慕课教学相比不同的是，传统财务会计教学主要表现的是教师授课，体现以教师为主体，学生作为被动反应的行为者进行行为主义学习模式。在传统财务会计教学中，讲解、演示、模拟是会计教学的主要流程，教师是设计者和组织者，是课堂的主体，而班级的一切事务都由教师主要操刀。例如，班级分组、材料的发放、操作规范及进度安排、注意事项等，这些在很大程度上抹杀了学生的主体性。而教师作为授课的主体，课堂内容、问题答案都是预先安排的，而学生只是机械地模仿教师的思路，不会挑战教学权威或者对教学过程产生怀疑，极大降低了学生的积极性，无法培养其独立分析和独立思考问题的习惯，从而抑制学生的创新能力。

与传统财务会计教学相反，慕课教学是以学生为中心，其教学方式呈多样性，多为利用现代化信息技术实现人与人之间互帮互助的连通主义学习模式。在这个模式下学生作为学习的主体，教师不再是单一的传授者，它的职能表现在更多的辅助效应，而知识的讲解主要由课上转为课下，这就需要学生通过网络教学平台和仿真实验平台进行线上学习，以及模拟操作、搜索资料、在线测试答疑和相应的互相交流活动。在这个过程中，教师进行演示，指导学生进行模拟操作。运用这种教学方式，能够促进以学生为中心的学习形式形成，能够充分调动学生的积极性，有利于提高其实践能力和创新能力，使其有效地融入到学习生活中。

3. 慕课对传统教学互动的挑战

传统财务会计教学中师生的互动较少。而学习应发生在个体内部，它是内化学生的活动，并承认学生生理特征在学习中的重要性，且忽视外部性与技术的作用。在传统的实验教学过程中，即使是由小组成员来完成实验操作，但由于学生缺乏相应的实验理论知识，在日常课程中学生对于授课内容不了解，无法向教师教学提出质疑，因此，只能按照教师的教学程序进行操作，实验结果只能是唯一的。这样，就造成学生与教师之间互动交流少，而学生与学生之间也无法形成相应的互动。

4. 慕课对传统教学形式的挑战

传统财务会计教学仅限于课堂。行为主义理论与认知主义理论是在信息与网络技术不发达的条件下形成的，其认为学习的空间场所是学校，学习活动主要在课上完成，教师讲解注意事项，演示操作步骤，课下学生完成教师布置的作业。这种集中授课方式不能体现个性化教学，由于受到实验材料和小组分工限制，每个学生不可能接触到全部实验操作。

(三) 慕课背景下财务会计教学改革的局限性

慕课背景下财务会计教学利用现代化网络技术，对传统教学形成挑战。我们在为慕课教育改革欢欣鼓舞的同时，也应进行"冷"思考。慕课背景下财务会计教学改革存在的局限性主要表现在以下几个方面。

1. 慕课不能解决会计教学的实务操作问题

会计实验课程是在"基础会计模拟实验"课程的基础上，衔接"中级财务会计学"课程理论教学内容的实验课程。本课程是"中级财务会计学"课程理论教学的延伸，是介于"中级财务会计学"课程理论教学与实际工作之间的教学环节。本课程侧重于财务会计实务操作技能的培养。教学目标是让学生对一个会计主体正常经济业务（从审核和填制原始凭证、填制记账凭证、登记账簿到编制财务报表）的财务会计实务有程序化的认识，通过实务操作加强其对财务会计的系统理解。由此看出，区别于会计专业理论课，财务会计实验课实务性比较强，需要学生亲自体验和探索，才能真正掌握该知识。学生课下微视频听课、线上互动交流、做练习，这都是为课上实务操作进行的前期准备工作，只有充分准备才能进一步为课堂教学打下良好基础、深化教学内容，课上学生之间以及教师与学生之间的互动交流才更有价值。因此，慕课并不能解决财务会计模拟实验的学生操作问题。

2. 慕课背景下财务会计教学的自组织性

建构主义理论认为学生才是整个财务会计教学的主体，而教师是学习引导者、组织者与评判者，会计教学应是学生主动学习，而非教师强制灌输。慕课背景下财务会计教学正是建构主义理论的良好体现。慕课背景下将传统财务会计实验教学的讲解、演示环节交由学生课下自主解决，学生通过网络可以不受时间、空间限制进行学习，不受任何监督与约束，完全体现了学生的自组织性，这是慕课所带来的最大革新。但在自组织性下，整个学习过程缺乏有效监控机制，使学生的线上学习过程完全失控，学生不能高质量完成实验要求的微视频观看、作业任务、交流互动、网上测试等环节，学习效率得不到有效保障。因此，完全凭借学生自组织性完成学习任务只是一个理想状态，很难满足当前形势下学生的需求。

3. 慕课背景下财务会计教学的"育人向善"问题

教育既是"教"又是"育"，不仅要培养学生的财务会计实务操作技能，而且要培养学生爱岗敬业、诚实守信、廉洁自律、独立性强等良好的会计职业道德。慕课背景下学生利用现代化通信技术通过计算机终端面对影像镜头学习，难以与教师面对面进行情感交流，虽然慕课背景下通过慕课平台教师与学生之间、学生与学生之间可以相互交流学习，但这种"言传"往往是无效或者低效的，教师与学生之间无法通过情感交流建立信任，学习只停留在浅层次的技能掌握。而会计模拟实验技术层面的衍生职能，如会计岗位的内部牵制制度、职业判断及良好职业道德的培养，由于课程内容所限，在线学习很难涉及，这部分内容又恰好对于培养学生正确的价值观，更好适应将来的工作岗位非常重要。因此，去人工化的实验过程无法承载学生的价值创造与品性培养，育人的职能难以实现。

4. 慕课背景下财务会计教学效果评价

慕课背景下财务会计教学效果受到学者的质疑。虽然学生通过微视频听课，与教师、同学之间互动交流，但这种交流只停留在浅层次水平。财务会计课程可能面对众多学生，有时教师团队难以一一解答所有学生提出的疑问，平台评价环节的选择题、判断题、简单的问答与论述题，很多时候都是由机器预设答案完成，答案是结论性的，机械式人机对话很难激活学生的思想潜能。单向视频传递造成学生思维僵化，面对问题往往线性思维，束缚了学生思维的发散，不能引发学生独立思考，需要深入理解和做出职业判断的问题，很难通过单纯的网上互动环节得到及时、有效解决。因此，慕课无法培养学生提出问题、分析问题和解决问题的能力，学生评判性思维无法得到有效锻炼。

（四）慕课环境下基础会计教学的基本流程

1. 课前准备阶段

（1）教师应借助网络平台，充分收集学习资料

目前，国内网站关于会计教学的学习资料和视频都非常多，但这些视频资源质量参差不齐，而且缺乏一定的针对性，与教师的教学计划有出入，难以满足实际的教学需求。因此，对于教师而言，不能采用现有的网络资源进行教学，而应该根据学生的实际情况、学生使用的教材、相应的知识点等，合理选择并整合现有的学习资源。教师在收集学习资料时要全面，避免单一化。

（2）教师应将慕课理念融入教学设计，整合教学内容

当今学生接收信息的途径简便，学习渠道多，慕课就是其中之一。如果教师不能与时俱进，讲的知识很可能无法吸引学生，不仅不能激发学生的学习兴趣，甚至会打击学生的学习动力。因此，教师在课前准备阶段，可以借助慕课理念，重新梳理单元教学内容，把适合通过教师讲授、演示的知识点分离出来。例如，可以将基础会计教材内容按照实际工作要求，拆成一个个连贯的项目，每一个项目细分成若干个知识点，根据知识点的重要程度和难度，进行教学设计。重难点部分可以制作教学视频，供学生课后消化吸收。

当然，在教学内容的整合上，需要教师投入大量的时间和精力，高职院校可以根据自身的情况，成立课程改革小组，不断探索和寻找适合学生学习的教学模式。

（3）培养学生课前自主学习的习惯和兴趣

教与学是统一的，学生课前能自主学习相关知识，对课堂教学有很好的促进作用，能极大提高教学效果。学生课堂下自主学习，对学生的自控能力有较强的要求，教师需要在课前设计好相关的问题或任务，要求学生在规定的时间里完成，并收集学习过程中存在的问题。通过建立 QQ 群、开通微信、制作短视频等方式，与学生保持交流和学习，把相关的学习资料、课外学习

网站、作业、练习等上传到群共享，供学生下载学习。这样，教师能及时解决学生反馈的问题，拉近教师与学生之间的距离，极大提高教学效果。除此之外，为了监督自制力较差或者学习懒散的学生，将课堂下的任务完成情况，严格纳入到考核方式里，通过加大过程性考核的比重，提高学生自主学习的兴趣。

2. 课堂内化阶段

课堂内化阶段就是以教师和学生为主体，教与学相统一的现场直播，与慕课学习相比，同样的教学设计和授课教师，学生与教师面对面的交流更胜一筹。问题在于：同样的一门课程，不同的教师授课会产生不同的效果，有的教师能更好地吸引学生，受学生的欢迎，课堂效果好，有的则相反。这与教师的教学能力、教学手段等是分不开的。

3. 课堂后巩固阶段

在校学生必须培养和提高自学能力，充分发挥主观能动性，而这些能力的培养和提高，关键在于学生对课后时间的利用。为此，可以建立课程 QQ 群和微信群，方便和学生随时交流，并及时发布课程相关信息，学有余力的学生还能在群里选择完成拓展任务、阅读课程拓展资料等。通过建立课程学习讨论群，能及时发现学生学习存在的问题并予以解答，既增加了师生感情，也为学生在学习的自主安排、学习内容和学习方法的自主选择上提供了帮助和建议。

三、财务会计实验教学的慕课改革方案设计

(一) 慕课背景下财务会计实验教学要与翻转课堂相结合

慕课课堂主要是指大规模的网络开放课程，而翻转课堂是指学生在课下学习相关知识，在课上主要是与教师交流，解决主要的疑惑，增强了学生的自主选择性，能使他们按照自己的意愿去安排学习时间。而单纯的慕课课堂是无法实现调动学习氛围，增强师生感情的。当然，它对综合能力的培养也起不到很大的作用，所以，一定要将慕课课堂和翻转

课堂相结合，这样才能达到课堂质量的最大化。由线下转为线上看似教师的工作变少了，实则不然，教师由台前的工作转化为幕后工作，他们将形成一个强大的、有组织的平台幕后工作团队，团队中的各个工作人员之间形成了契约关系，为了弥补传统学习上的道德缺失，教师和团队都需要承担更大的责任和义务，不同的教师担当不同的角色，并做好分内的事。而慕课课堂和翻转课堂的结合也是传统教育与线上教育的结合，这样有利于充分利用线上与线下两大资源，既节约了时间，也提高了资源的利用率，有利于提高教育的水准。图 4-3 详细介绍了慕课与翻转课堂是如何结合的。

从慕课与翻转课堂结合的流程图上，我们可以明显看出它的主要流程，它把整个课程分为了三个部分：第一个部分是教学部分，教学部分又分为了三个小步骤。首先，教师必须做好充分的准备，创作出包含每节课内容的小视频，这些小视频学生在课前应该观看完毕，并且有选择性地掌握好其中的基础性知识，如果有不会的要留在课堂上向教师请教，这一过程也可以称为查漏补缺。其次，课堂讨论。这个过程是帮助学生消化理解所学的知识的过程。最后，是教师在学习后对学生进行的课后辅导，这个步骤可以在线上完成。而翻转课堂的功能是将与会计实验操作有关的问题扩大，像一些职业性的问题就会让学生在学习会计知识、解决会计问题的过程中去学习和解决。两种课堂的结合能有效缓解传统的教学问题，不仅保留了教师的指导地位，同时也培养了学生的自主性，可以让学生自主去安排自己的时间，这与以前学生被教师、被学校安排的情况是完全不一样的，有效地提高了教学的质量和学习的质量。

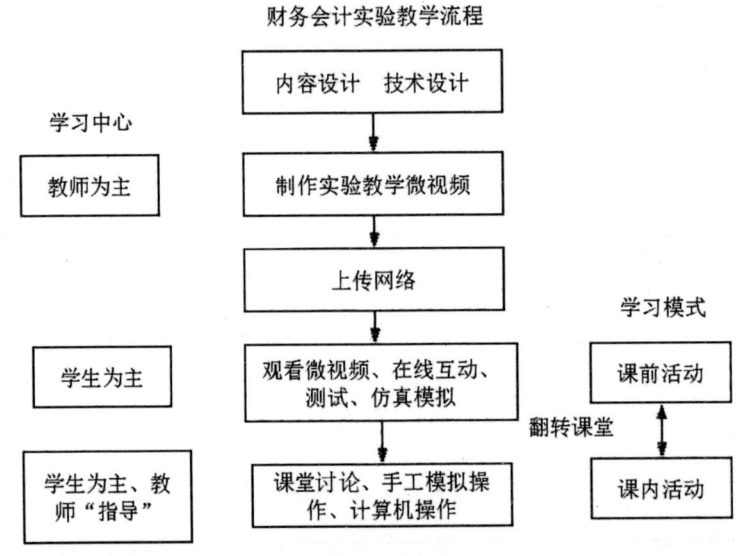

图 4-3　慕课与翻转课堂结合流程图

（二）应设立财务会计仿真实验教学平台

有人会提到这个问题，慕课是一种线上教学，它只能保证教学的质量和学习，但是面对一些实验性、操作性较强的学科，慕课能保证它的学习质量吗？这个问题是值得我们深思的。即使是会计专业，它其中也包含了财务会计操作实验课，这项课程操作性是十分强的，如果学生没有亲自去尝试，而只是听教师或者同学将实验过程口述出来，只能说是学到点皮毛，根本无法真正理解操作过程，也无法真正掌握操作技能。所以，慕课现有的教学软件是无法保证操作实验的学习效果的。那么，我们应该怎么做才能保证实验性较强的学科的教学质量和学习质量呢？最新、最有效的方法是建立一个线上仿真模拟实验平台，物理、化学、会计等专业，都可以在线上模拟仿真实验平台进行实验。并且这是一个可以选择参与人数的模拟仿真实验平台，不仅可以个人参加，也可以小组参加。同时，教师可以制作实验小视频发布到网上，供同学们观看。当然，视频中要包含实验原理、实验器材和原料以及实验步骤。这样做有两个好处：第一，减少了实验花费，现在的实验器材价格都比较高昂，线上实验有效地解决了这一问题；

第二，能使实验更加生动形象，学生可以不断地回看，不像线下实验次数少，不容易被学生理解。所以，相比之下，线上实验可以更好地提高教学和学习质量。

其实像会计这门学科，尤其是它的实验课程在线下进行会耗费大量的人力、物力、财力。比如，像公司会计部门与其他部门的协作以及会计部门内部的协调，这些实验在现实生活中是很难实现的。但是，自从有了线上实践操作管理平台就不一样了，它可以很真实地重现现实生活中的场景，让我们可以充分体会到会计工作的工作过程，这些都是线下实践所不能达到的。

（三）慕课背景下财务会计实验教学的他组织性

如果一个系统靠外部指令而形成组织，这就是他组织，像我们的"传统双语教育"就属于他组织。如果不存在外部指令，系统按照相互默契的某种规则，各尽其责而又协调、自动地形成有序结构，这就是自组织。类似于我们现在使用的慕课双语翻转教育模式。许多人将自组织和他组织看作相互矛盾的两个方面。其实，它们的关系类似于主要矛盾与次要矛盾，都是一个矛盾中所包含的事物，它们是相互联系、相互依赖、相互影响的，主要矛盾支配着次要矛盾，次要矛盾又会影响主要矛盾。我们将国家和学校的政策与目的看作主要矛盾，而将自我发展和安排看作次要矛盾，那么，我们既不能一味地遵从学校安排，这样不利于个人个性的发展；也不能一味地任学生自由发展，因为有一些发展是无效的，所以必须要求学校、教师加以引导和管理。

（四）通过课堂教学提高学习效果

线上课堂相对于传统课堂来说，的确有很多优势，但却不能取代线下课堂，相较于线下课堂，线上课堂传输的知识是一种信息的交流，而不是感情的交流，学生也是初步、浅层地了解课堂专业知识，并不是真正地掌握专业知识，并且也存在一定的知识漏洞。而线下的课堂可以让学生和教师相互交流，提高学生对知识的理解，也可以达到查漏补缺的作用，这也是我们提倡将线上课堂与线下课堂结合的原因。线上课堂和线下课堂两者是相辅相成的，只有两者相互结合，学生才能真正地掌握知识，并把这些知识运用到实践当中。线下课堂的另一个优势是能更好地让教师掌握学生的学习情况，线上课堂引进的是国外评价系统，对于中国教育并不完全适用，单纯的线上评估相对于现在的科技水平来说，还达不到一定的正确率，而且也不一定与学生自身的学习情况相符。所以，将线上课堂与线下课堂结合起来是非常有必要的，它能有效地促进学生在线上课堂进行自主学习，也会促进学生积极参与到线下课堂的活动中，并将教师在课后布置的作业认真完成，这对于提高教师的教学质量和学生的学习质量是十分有利的。

（五）高职院校应为实验教学改革创造制度条件

在进行慕课改革后，教师从以前的权威地位变成了幕后的工作人员，但这并不代表他们的工作减少了，因为他们不仅要参与线上课堂课前的课件、课业制作，也要参与到慕课的视频制作中，并且在线上或者线下随时为学生解答疑惑。所以，教师的教学质量直接影响了学生的学习质量。因此，高职院校要对教师进行定时的评测和考核，并制定出考核的标准，就像线上课堂可以采用学生在每次完结后进行匿名自主评价的方法，对教师进行测评。当然，也要制定一定的鼓励政策和激励政策。教师们也是很辛苦的，特别是转入幕后工作后，思想就有了松懈，所以，对表现良好的教师进行一定的激励是十分重要的，这个激励可以是思想方面的，也可以是物质方面的。再者，也应该为学生跨专业学习提供机会，并承认其跨专业学习所修得学分的合法性。另外一点，是高职院校应该引入一定的市场机制。会计专业的学生以后是为市场服务的，而学校是一个类似于政治文化的机构，它对于市场的了解是远远不够的，所以适当引入市场机制，有利于充分让学生了解市场的运营机制以及公司的管理机制，这样做带来多方面的好处。

第五章

大数据背景下高职会计教学改革的专业建设研究

高职教育的目的就是能够培养出社会所需要的某一领域的高级专门人才。而所谓的高级专门人才就是经过一番努力之后实现了人们预先在心理、技能和人格特征等各个方面所设想的达到较高水平的人。所以，会计专业作为高职教育的一部分，自应承担起培养出社会所需要的技术人才的义务。

第一节 大数据背景下会计专业建设的基本框架

一、会计专业建设的内容

特色专业建设是高职院校在一定的办学思想指导下和长期的办学实践中逐步形成的具有特色的专业。具体而言，特色专业是指某一所学校的某一专业，在教育目标、师资队伍、课程体系、教学条件和培养质量等方面，具有较高的办学水平和鲜明的办学特色，已产生较好的办学效益和社会影响，是一种高标准、高水平、高质量的专业，是"人无我有，人有我优，人优我新"的专业。它包括以下几点内容：第一是培养计划的建设。要明确本专业是为了培养什么人才，又该怎样培养人才。第二是师资力量的建设。教师是课堂的关键，学生是课堂的主体，教师的教学质量直接影响了学生的学习质量。第三是基地的建设。需要有一个强有力的领导机关，能够做到分工有序，并且管理和监督学生进行专业学习。第四是教材的建设。教师上课所讲的内容来源于教材，学生学习的内容也是教材上的内容，所以必须要有专业的、符合学生学习习惯的教材。第五是实验室的建设。自从教育改革后，国家和社会更加注重学生的操作性，所以，高职院校要建立设备完整的实验室供学生完成实验。这几个方面的建设并不是相互独立的，而是相互联系、相互促进的。只有达到"五位一体"，才能在真正意义上促进专业的建设。

要想加强会计专业建设，就必须明确专业办学思路，构建具有专业特色的课程体系；强化专业师资队伍建设；深化改革，巩固会计学专业的实习基地，创建培养应用型人才；加强学生专业特色培养，提高学生适应社会的能力。下面就来全面分析如何做才能加强会计专业的建设。

（一）要准确地进行自我定位

许多会计专业的学生不懂市场到底需要什么样的人才，自己又应该成为哪一方面的人才，所以缺乏学习自主性，而往往毕业后又无法找到对口的工作。这告诉大家，一定要找准自己的市场定位，摸清市场行情，预计市场走向，了解自己未来的走向，明确自己的目标。

（二）要有详备的方案

如果你连准备都没做好，那么机会自然看不上你。当然，方案并不是像以前我们所说的提出一个小目标，这个方案应该是十分详细的，在学生的不同阶段要有不同的方案，在相同阶段的不同时期，也要有不同的方案。否则，这份方案就没有那么强的实用性了。会计专业的学生众多，年龄参差不齐，能力也各不相同，但是他们最终面临的问题都是就业创业问题，所以方案的设定必须围绕这一根本问题，方案必须解决该如何明确目标、如何找准自己的定位、该如何分析自己的求职岗位、如何在岗位中干出一番事业等问题。

（三）按照教材内容进行教学

教师上课说得最多的一句话就是"一切以教材为准"，教材就像准则一样，教师是依照教材上课的，而学生也是依照课本来进行学习和复习的，所以课本在学生的学习过程中有着极为重要的作用。什么叫作好教材呢？教材的评价标准应该以学生为主体进行建立，或者至少在现有的标准上增加一项"学生反馈"。因为教材的最终价值是要靠学生的使用来实现的，只有学生通过教材能得到尽可能多的教益，教材的价值才能充分地发挥。

按照这个思路，理想中的好教材应该是有趣、有用、亲切、有精神启迪的教材。只有这样的教材才能受学生的欢迎，影响学生的思想，达到强化教学体系建设的目的。

（四）教学体系

教学体系是教学过程的知识基本结构、框架、教学内容设计、教学方法设计、教学过程设计和教学结果评价组成的统一的整体。所以，它必须以提高学生的学习质量为目的，具备教学顺序、过程、方式、方法、形式、内容、反馈、评估、总结、比较和推导等一系列教学要素，这样才能实现教学各个要素的配合和协作。

（五）要对学生学习情况进行管理和监督

自从教育改革后，线上教育和线下教育相结合的方式得到了提倡，要求学生具有更强的自主学习能力以及自律性，同时教师也应该改革自己的授课方法，引起同学们的兴趣，提高学生在课堂上的参与度和积极性。这就要求教师提高责任心，不能故步自封，要加以变革。那么，教师该如何变革呢？一是可以利用信息化的技术对传统的课堂进行变革，采用添加动画、音频的手法来激发学生们的学习热情。二是因材施教，抓住不同学生的不同特点，采用不同的方法，联系学生与自己的感情。同时可以利用线下课堂对学生的学习情况作出更好的判断，这样做极大提高了资源的利用效率。

（六）加强实验室的建设

如果一所学校没有完整的教育设备、实验器材，学生只能完成一小部分的实验学习，这对于学生实验能力和动手能力的提高是十分不利的。所以，学校应尽可能地完善学校实验设备，为学生提供一个良好的实验环境，同时可以出台相关政策并加强与其他学校的合作，整合其他学校的资源，提高资源的利用效率。

二、会计专业建设的特点

（一）牢牢把握专业建设的根本宗旨——面向应用技能

人才培养、科学研究、社会服务是我国当前高职教育的三大功能，对于大学来说，人才培养是核心，科学研究是做好人才培养工作的前提条件，人才培养是服务社会的直接表现，发展科学是高等学校的重要社会职能。而服务社会同发展科学一样，高等学校直接为社会服务的职能，不仅是社会的客观需要，也符合高等学校自身发展的逻辑。

在教育改革中，学校更加重视学生综合素质的提高，导致部分学校将专业课与其他课摆在同等重要的位置，这样就违背了专业课本来的目的，所以学校一定要牢牢把握专业建设的根本宗旨，提高学生的技能和实践能力。部分学校分不清学习的重点，放任学生自主学习，而毕业后却发现这些学生所学习的内容都无法满足社会的需要，所以学校也要与市场接轨，提高学生的双语能力和信息技术应用能力，并且帮助其学会一定的法律基本知识。只有满足以上两点的专业人才才能为社会、为国家更好地服务。

（二）厘清学科与专业二者关系

长期以来，学科和专业的概念常常被我们混淆，那么到底什么是学科，什么又是专业呢？学科是指所学专业归属于哪一大类、哪一类大学科。而专业是学科下面的进一步细分，如企业管理这一个二级学科下面有人力资源管理、营销管理等专业，甚至有时候专业会产生多个学科的课程。往往习惯把专业等同于二级学科。不同的研究对象或研究领域，学科和专业的关系也是不同的，我们要随机应变，不能一味套用。比如，有关社会服务的专业，如护理专业，其专业的主要目的是培养为社会医疗服务的人才，所以更强调专业性和知识的掌握，但同时也要兼顾其他学科，尤其是与社会服务有关的学科。但是研究性专业，如建筑学专业，它对本专业的专业要求是很高的，而对其他学科的要求就相对较低了。

那么，会计专业呢？它的专业与学科关系又是怎样的呢？会计一般是在公司会计部门或者政府会计部门和审计部门工作，所以他们不仅承担会计工作，还需要有沟通能力、服务能力等。毕竟每个公司都需要承担责任，能够很好地协调本部门与其他部门关系，并且有办事能力的人。再者，一些新兴企业创业成本少，往往实际工作人员与所需要的工作人员在数量上是不相符合的，如果你被这种企业招入会计部门，那么其他部门的工作也是必须要熟悉的。所以，高职人才培养目标的界定与市场需求实际是相互吻合匹配的。

（三）构建专业建设的动态优化机制

不要把专业建设看作是一成不变的，应该根据市场的需要去调整和建设专业。如果学校没有把专业建设与市场需求联系在一起，那么会出现什么情况呢？我们不妨来设想一下，如果专业建设是按照老一套传统来建设的话，那么在毕业后，学生们会发现自己找不到合适的工作，或者说自己所学的专业在市场上所需人才十分少，这就是我们常说的专业不对口。市场是不断变化的，对人才的需求也是变化的，那么专业建设也需要不断地调整，不断满足人才市场的需要。会计和教育都是基础性的工程，但这两个行业，尤其是会计行业，它的需求和供给往往是不平衡的，会计市场需求大，供给也大，需求的主要是中高级人才，而供给的人才大部分是中低级人才，供给和需求不平衡，所以会计行业在人才方面进行供给侧结构性改革是非常有必要的。

现今社会是经济社会，经济决定政治、文化，什么样的经济情况决定了政治上应该做出什么样的决策，也决定了文化又该如何调整、如何为社会经济服务提供人才。其中允许大专院校、科研院所等符合条件的组织申请研究重大课题，并且提出积极推动教育现代与人才强国、人力资源强国建设研究。高职应意识到教育改革的重点，要积极为企业、国家培育出中高级人才，为产业升级和社会各部门的效率提高做出贡献，并且面向大众提供培训的服务。当然，每个人的知识水平、专业水平也是不同的，所以要求学校因材施教，对待不同的学生采用不同的教学方法，循序渐进，尽可能地发挥出学生最大的潜能，为社会培养出高级人才，保证人才的质量。

（四）搞好专业的内涵建设

内涵是一种抽象的但绝对存在的感觉，是人们对一个人或一件事的认知感觉。内在的涵养是一个概念所反映的事物本质属性的总和，也就是概念的内容。那么，该如何建设好专业的内涵呢？学校必须有长远的眼光，在开设或者创办专业时应该从长远角度去考虑。市场是瞬息万变的，学校应该探究它本质的需求或者基础的需求，而不是从表面上看到它浅层意义上的需求。

同时，学校应该在专业建设上多加入本地特色，提高专业的竞争力。

　　会计专业研究的是国家、企业有关财务方面的信息，会计的目标是提高国家、企业的经济效益，可以说它是社会学科的一部分，也可以说它是经济管理应用学科的一部分。正确的会计专业建设应该是建立专业群组，如金融管理专业就可以被列为组群对象，组建专业群组，也有利于充分利用各专业的资源，提高专业之间的协作能力，相互借鉴学习，培养出不同于其他专业的特色。根据记载，我国从周代就有了专设的会计官职，掌管赋税收入、钱银支出等财务工作，进行月计、岁会。所以，相对来说，会计专业是一门传统的专业，是一门基础专业。传统专业当然有经验丰富、历史悠久的优点，但是相比之下，也缺乏创新，竞争力较弱。所以，在会计专业组群建设的过程中，学校也应加强与企业的合作，提供给学生一个能在企业中真实体会到的会计的工作环境，增加学生的学习经验，提高他们的应用能力，最终增加他们的竞争优势。

（五）完善多元评价体系

　　多元评价理论体现了主体多元化、内容多维化、方法多样化，促进学生全面发展，这种衡量方式有别于传统的一元评估方法，能更好地激发学生的学习兴趣，激发他们的成就感、进取感，充分发挥评价的激励、教育、诊断、反馈、导向功能，通过评价帮助学生认识自我、建立自信，激励和发展学生潜能，促进学生全面和谐发展，为学生的终身学习和发展打下坚实基础。多元化评估指的是所有学生从不同角度去评价，不仅是指评价标准多元化，也指评价主体多元化。这种评估体系相对于传统评估体系来说更加宏观，它把教育改革的目标以及经济市场和教育发展情况也纳入评估标准，不同的专业、不同的情况采用不同的方法评估，评估结果也就更加综合。

　　在进行教育改革后，会计部门的评价视野也得到了扩展，不再单一以成绩为评价标准，逐渐形成了硬件和软件并存的评价体系，就像电脑一样，硬件能为计算机软件运行提供物质基础，而软件是计算机的程序加文档的集合体，是硬件沟通的桥梁。那么，在学生专业的评价上，硬件指的是学生的专业知识和专业技能等，而软件指的则是学生的思想意识形态、思想政治觉悟等。这种评价模式的形成对教育改革是有促进作用的。那么，会计专业改革到底要怎样做呢？

第一，要对教师的教学情况进行定期的评估和监测，也就是教师业绩考核。教师是课堂的关键，学生是课堂的主体，教师的教学质量直接影响学生的学习质量。所以，必须加强教师与学生的联系、教师与学校的联系以及学校与学生的联系。

第二，对学生的评价标准要多元化。以前的传统评价方法指标单一，用成绩来评判一个学生的方式已经不适用于素质教育了。所以教育应该从多个方面综合评判学生的学习情况，同样个人也要进行定时评价以及反思，而学习团队也要定时进行评判和反思。评价和反思自己或者自己在这个团队期间所做的到底是好还是不好？如果不好，又有哪些需要改进的地方。

第三，评价的主体要多元化。要涉及所有的学生，教学要有教无类，将学生划分为不同层次，不同层次的学生拥有不同的权利，这种做法违背了教育的根本目的。每一个学生都是国家的合法公民，都应该享有相同的权利和机会。另外，这个主体也应该包括毕业生，学校应该继续关注他们的就业情况，并从他们那里得到就业信息的反馈，以使本专业的建设更加符合社会的需要。

第四，要落实好中央颁布的"双证书"政策。所谓的"双证书政策"指的是高职学生必须拥有两个证书，第一个证书是学历文凭，第二个证书是职业资格证书，只有拥有这两份证书的毕业生才能被称为合格毕业生。

第五，要提高会计专业的实用性。会计是一门基础性学科，在社会服务领域具有极为重要的作用，所以学校在建设会计专业时，应鼓励本专业的师生积极参与到社会实践中去，提高他们的实践能力和应用能力。

三、会计专业建设的意义

会计在国民经济发展中起基础性作用。所以，市场对会计人才的需求是很大的，每年的会计毕业生也数不胜数，一方面市场总达不到饱和，市场对会计人才的需求不减反增；另一方面会计人才总找不到适合自己的岗位。这到底是为什么呢？这是由于学生在进行会计专业学习时，没有找准市场定位，仅凭自己的兴趣爱好毫无头绪地去学习，其实这种行为是对自己的不负责。对于会计专业的学生来说，他们学习本专业就是为了提高专业技能，找到适合的岗位。如果你学习的专业是不对口的，那么你就是做了十多年的无用功。面对这种状况，会计专业教学应该做到以下几个方面。

第一，我们要弄清楚市场到底需要什么样的人才。当今社会科技在不断发展，对信息化人才和技术化人才是有很大的需求的，所以，学生必须要明确专业或者自己的发展方向，必须让所学习的专业知识能为以后的社会服务。当然，会计人才市场对高级会计人才的需求是远远大于中低级会计人才的，所以，高职院校的专业人才应该努力提高自己的专业知识和技能，最好能够在专业的会计考试中取得高级资格会计证。

第二，学校不仅要找好市场定位，还应对自身的专业建设进行改革。这是因为我国的学校大都建校历史悠久，一些专业比较老旧，所以，专业更多表现出传统性，并没有展现出本专业的特点，而且没有更新的空间，这一切都导致了专业吸引力的下降。那么，学校应该怎么做呢？首先，学校应该形成自己所特有的专业特色，这些特色可以是教学方法和教学模式，一个专业只有拥有其他专业所没有的特点，才有竞争力。其次，专业应该提升本专业的教学质量，可以通过定时对教师进行考核、对学生的学习情况进行考核以及提高学生的实践能力等方法来提升教学质量，而不是像以前单纯的量上的提高，这种深入的教学质量的提高是我们现在急需解决的问题。

第三，提高资源的利用率。我们可以通过与其他学校合作，培养出示范组，并带领整个会计专业的学生共同学习，共同进步。我们也可以与企业合作，有两个好处：一是学生可以进入企业了解会计工作，领会会计的工作流程，为以后的会计工作积累经验；二是企业可以为学生提供部分工作岗位，而学生也可以为企业注入活力。采用这样的方法，可以最大化地利用资源，减少经济成本，并且也有利于会计专业学生学习质量的提高，培养出社会企业所需要的人才。

会计专业所要培养出来的人才是全方位的人才，应具备多种能力，如自学的能力、适应工作环境的能力、协调工作部门关系的能力等。所以，会计专业在进行专业建设时，要培养学生的科学意识，让他们明确自己未来的发展道路以及他们学习的意义，这对于学校的专业建设也是十分有利的。对于学生来说，应该树立三个科学意识：一是找到自己的定位，从长远角度考虑市场的需求，要让自己所学的专业符合市场的需求，能为市场服务。二是要精学自己的专业，在社会服务中、工作岗位上要有足够的能力解决所遇到的问题。三是自己所学的专业知识和技能要能跟得上社会经济的发展，过时的知识和技能对社会经济的发展是起不到促进作用的。

第二节　大数据背景下"双师型"教师培养研究

"双师型"教师就是"双证"教师或"双职称"教师，是高职教育教师队伍建设的特色和重点。由于专业会计教师的缺乏，学生的学习和学校的专业建设都面临着萎缩的困境，所以，大力加强"双师型"会计教师队伍建设，已经成为社会和教育界的共同呼声。

一、"双师型"教师的知识结构

"双师型"教师应该掌握哪些方面的内容呢？第一，"双师型"教师要掌握学科专业知识。自己所教课程的专业知识必须要精通，这是硬性条件。第二，"双师型"教师是要掌握一定的教育心理学知识。要管好学生，必须了解学生的心理特点和教学方法。第三，"双师型"教师要学会一定的计算机技能，熟悉常用的办公软件和使用方法。第四，要熟悉教师职业道德，这是维护教师形象所必备的。

二、"双师型"会计教师建设目标与思路

在当前的现实教师建设目标指导之下，成立一支高水平、高能力、高素质的教学队伍是不可避免的。会计专业教学团队的建设，则成为解决教师职业能力的首要途径，要想最大限度地使教学团队的职业教学能力展现出来，就必须有一个具有方向性质的建设目标，这一点显得尤为重要。当然，根据高职院校的实际情况，会计专业教学团队的建设目标需遵循以下方向：应始终以职业教师的培养为重点展开活动；突出行业专家的专业领导地位；目的在于调整师资分配结构。经过对目标的实际执行之后开始将重心转移到培养发展青年教师的职业能力，重视培养专业教学团体中的不同类型、学科的教师。同时，需要将一些常用的教师培养方法结合起来，如专业学科教学设计比赛、会计职业技能比赛以及教学比赛和各种教学能力的培养等。建设目标计划方案中的一个重要组成体便是对于时间的要求。要想构建较好的教学团体，必须在时间性要求上做好工作，才可以得到各部门的支持和理解，才能利用建设的要求，获取所需要的建设资源，如人才的引进，尤其是企业的核心技术人才。在会计专业教学团队的建设设计和有关"双师型"教师的培养培训中，可以参考以下优秀院校比较成熟的做法。

（一）调整常规教学时间，方便企业人才服务专业建设

企业人才因为其自身工作特殊性和特定性，可能会要求在一定期限内必须完成相应的工作任务。基于这种情况，企业的会计人才可以视自身的工作时间做出安排，在高职院校中服务于相关的兼职教师工作。

（二）出台专业教师从事企业工作的支持政策

作为国家发展职业教育政策的组成因素，专业教师可以从事企业工作的方式支持和响应政策，这一转变也为专业教师进入企业进行实践和自我充电提供了便利的条件和政策支持，在具体工作的开展和完成中，教师不仅积累了企业工作的经验，而且为教师的自我成长和转型打下了坚实且良

好的基础。

（三）构建高职间结对、帮扶、联动机制

国家和各省的关于教育的发展文件中，无一例外都对偏远落后地区的教学帮扶和师资培养提出一定的培养要求。在教学的专业性队伍建设中，高职院校可以依法发挥其引领作用，努力构建高职间结对、帮扶、联动的机制，从而使职业教师的培养步伐加快。

三、高职院校会计专业"双师型"教师建设内容

根据之前的分析，结合高职院校重点培育专业建设关于教学团队建设的要求，针对教学团队建设的操作，具体建设内容包括以下方面。

（一）高职院校巩固并拓展"双师型"教师培养途径

对于高职院校而言，现实的发展状况要求必须有高水平、高能力、高素质的"双师型"教师来开展教学活动，促使高职院校的招生、就业、教学等工作具有真正的生命力。当前，大多数高职院校的"双师型"教师比例均未能达到国家所规定的百分之八十的标准。因此，这在未来相当长的一段时间里仍然是一项巨大的工程。

1. 加强"双师型"教师培训基地建设

目前，虽然我国的职教师资培训基地有六十多个，对职教教师职后培训的任务发挥着重要的作用，但是具有针对性质的"双师型"教师培训基地仍没有建立。对于"双师型"教师来说，因为职业的特殊性和重要性，所以更应该拥有自己的专业指导教师和建立自己专门的培训中心。"双师型"教师培训中心的建立有两种主要方式：一种是依附职教师资培养培训基地成立；另一种则是独立成立，如建立在高职或职业学院中，也可以落户在某些文化企业中。选址的不同，也产生了不同的要求。对于适宜建在学校中的基地中心，应该在建设方面继续加强。对于行业、专业性比较强的培训基地，可在各方面已有条件的基础上，根据高职院校相关需求目标

进行建设，努力打造较为完善的高职培训中心。

"双师型"教师培训中心的建设具有投资主体多元化的特点，从而可以更好地打开政府、学校、企业交互投资的局面，使三方面的优势力量得到最大限度的释放，更确保了资金链条的安全性、可靠性和可变性，通过多种渠道实现资源共享。建立生产、教学、科学研究三位一体的模式，培养对高精尖技术的敏感度，加强教学、生产与新科学、新技术、新工艺的推广和应用的密切联系，形成以生产和科研带动教学，同时将教学渗透到生产力发展和经济建设之中的局面，这是当下"双师型"教师培训中心可持续发展的重要保障和有效战略。最适合开展"产、学、研结合"的教育是职业教育，"产学研结合"的方式可以提高教师的创新思维和科技能力。为了实现资源的共享和使资源发挥最大效能，高职院校应与相关产业部门和科研单位共同合作，共建培训基地和专项实验室。应使培训中心的先进技术与设施得到有效的利用，如可为高职师生实训和行业、企业员工培训，以及科研单位产品试验等提供便利条件和良好环境。要积极应用项目初步研究、科技成果宣传、生产技术服务、科技咨询和开发等科技工作及社会服务活动，发展产学研三位一体的模式，使实训、培训、咨询等各方面功能得到优化。

使职业技术教育、职业技能培训、科技与社会服务融为一体，这是我国对于发挥职业院校教学实践中心的规模效益所采取的新措施。总的来说，市场竞争在根本性质上仍然是关于人才和技术的竞争，要想将科技成果以生产力的方式输出，就必须使工艺的技术含量和智能因素得到提高，其关键处及出发点仍在于提高劳动者各方面素质和技术水平。随着企业对员工要求的提升，相应地，对于职业技能的培训需求量也呈增长趋势，因此，迫切需要有关职业院校提供关于技术革新、工艺改造、产品开发、科学管理等方面的咨询和服务项目。面对这一历史机遇，培训中心可利用自身优势发挥重要的作用。

2. 成立"双师型"教师工作室

一个舒适的环境对于"双师型"教师的培养是密切相关的。从学校的角度出发，对"双师型"教师培养要从多个方面和角度同时进行，其中一个重要方面就是工作环境的改善。比如，在硬件条件上，对有需要的教师，积极改善他们的办公环境，提供必要的经费，这对他们在研究方面的兴趣以及工作上的热情都有很大的提高。并且，在研究遇到困难的时候，能够得到高新技术人才以及行业内部的专家和企业的帮助。这都会对"双师型"教师实践与理论相结合有非常好的效果。无论是企业的还是学校的课题都应该让"双师型"教师承接，并负责运作，最终成果应该让学校和企业一同使用，为"双师型"教师的发展和培养创造最佳条件。

（二）加强"双师型"教师培训力度

1. 设立"双师型"教师专项培训基金

高职院校还可以通过企业赞助、校友捐赠或者学校拨款等方式为教师建立成长基金，这在教师的培训、培养以及进行科研活动等方面有着非常好的效果。在学位方面，要对教师进行激励，不能满足于现有学位，应该向更高的目标前进，向着硕士、博士的目标加强学习，有条件的也可以出国进行学习。在相关的一些资格证书上，也应该鼓励教师积极学习和获取。对待比较积极的教师，应该制定一系列的支持政策，如在资金方面、晋升制度方面，都应有所作为。

2. 强化"双师型"教师培训基地建设

在《国家中长期教育改革和发展规划纲要（2010—2020 年）》中，"双师型"教师培训基地的建设要依托大中型企业和相关的高职院校。这份纲要表达了国家一级教育主管部门对于职教师资的培养已经从外部引进向内部对人力资源的潜力挖掘和管理优化进行了转变。而对于职教师资进行培养的主要渠道就是通过培养基地。目前，我国的职教师资培养培训系统已经建立，在层次和结构上分为地方级、省级、国家级三个层面，这对我国教育师资队伍的建设以及素质的提高起到了非常重要的作用。在培养过程中，一定要重视和利用好依托企业的资源，在"双师型"培训以及"产学研"等方面，应给予教师最大的支持，保证培训的专业性。"双师型"教师培训基地的建立，对于教师实践能力以及专业性方面的提高效果是显著的，是解决现阶段师资短缺的一个重要办法，更可以使教师在更高、更深、更宽广的领域不断发展。

（1）制定"双师型"教师培训基地相关政策

对于"双师型"教师培训基地的标准，"择强、择优"应该是重中之重，简单地说就是一流的培训制度加上一流的生产设备。上级部门也应该设立相关的部门对"双师型"教师培训基地进行审查和监督。尤其是在建设过程中，相关部门应该对整个过程进行监督，保证政策的执行，督促政策的落实。除此之外，对基地的评估体系也应该有所建立和完善。对待正规的培训基地应该依法办理资质证书来证明其资质，并应设立期限。在到期前应该再次进行重新评估，确定是否继续拥有资质，以及其他的一些优惠政策的享有。这样的措施，对于教师培训基地的建设和完善有着至关重要的作用。

（2）打造特色培训项目

对于基地的建设并不能只局限于硬件设施，在内涵的建设上也应该纳入重点。这一部分，国家有专项基金，由中央财政拨款，对教育基地的师资培养的教程、课程以及方案的开发提供支持。对不同层次的教师要有针对性地制定培训方案，完善培训体系，如校长的培训、教师的培养以及继续教育等。从另一方面也让我们看到了培训培养项目建设的必要性。而要想基地能够稳定地发展，职教特色师资培养培训体系以及项目建设是重中之重。所以，每个基地对于自身项目的开发和完善都应该结合自己的实际情况来建设，这是比较重要的。除此之外，基地和基地之间也不应该相互独立，要有合作的意识，如在区域和区域之间，以及学校之间、企业之间，都可以在培训项目上进行合作。具体合作的内容，包括培训的方案和专业以及科学研究等方面都可以做到互相帮助，共同提高，在"双师型"教师基地建设方面形成自己的特色。

（三）重视兼职教师队伍建设

对职业教育教学的改善和优化需要职业院校兼职教师队伍。兼职教师的工作内容主要是职业院校的实践教学以及专业课方面。兼职教师的主要人员来源是一些高职的硕士和博士以及一些达到退休年龄的技术人员和专家等。而对于职业院校来讲，这些人员的引入对教师队伍以及师资结构的改善起着至关重要的作用。

这一部分人群中，从年龄来说，中年的教师相对较少，因为有更多自己的工作，而老年教师和青年教师则比较多。青年教师从学校毕业，经验很少；而老教师因为年龄原因，精力是不太足够的。而职业院校对兼职教师的需求是比较大的，而且这些兼职教师很多都是潜在的"双师型"教师，在这一方面，职业院校的需求是比较大的。不同于职业院校专职的教师，一些企业的兼职教师，可以和在校教师形成优势互补，这对于教学质量的提高很有帮助。除此之外，许多专业的新动态和新知识，都可以在兼职教师的带领下带入到教学中来，这对于学生视野的开阔，以及职业院校的未来发展有很好的提升效果。

1. 兼职教师的选拔

高等院校的硕博生以及企业里面的高新技术人才是兼职教师最主要的来源，而且这一渠道也已经基本稳定。企业的高新技术人才有非常丰富的工作经验，行为习惯已经基本形成，但是在教育教学方面还是缺乏经验，所以在选拔任用的时候要注意。在兼职教师，尤其是"双师型"教师的任用与选拔上，一定要抓住教师的素质和能力，宁缺毋滥才是标准。比如，在工作年限上，一般以3年最为合适，因为如果有了3年的教学经验，那么对于教师这个行业的了解应该算是比较深刻了，对于教育教学的工作流程和内容也都非常熟悉了，可以基本满足需求。再就是对兼职教师的选拔除了教学能力之外，还有道德素质与职业操守。

2. 明确兼职教师的培养机构

在我国，职业教育师资培训有很多的机构，如普通的师范类大学、理工科大学、综合大学等。后两者则在学术氛围以及师资力量方面具有很强的竞争力，但是以学术、理论为主，在实践和应用方面并不是很强，这和职业教育以技能应用为主的观念并不十分相同。普通的师范类院校，它们的目的是培育基础教育教师，并不是职业教育教师，特殊性没有展现。而职业教育教师的培养根基应该在职业技术师范院校，这样的高职是专门针对职业院校教师设立的，在针对性和师范性等方面有一定的优势，在职业教育的规律上能够得到有效的把握，所以，在对职业教育兼职教师的培养方面，它是不二之选。一旦通过兼职教师的培训，就由相关的培训部门颁发合格证，通用于各类院校，一切聘用以及续聘都以此合格证为准。对教师资格以及职称的评定条件适当放宽，任何符合条件的教师以及在任职中的兼职教师都可以申请获得教师资格证以及评定教师职称。

第三节　大数据背景下会计实训平台的设计与实现

一、高职会计实训平台的需求分析和总体设计

（一）系统可行性分析

系统可行性主要由两个方面构成，一个是经济可行性，另一个是技术可行性。这里，学校的技术设备是技术可行性评定的一个重要标准，要看它能否满足实训平台系统的运行。成熟、先进的技术应该成为我们对技术设备选择的重要条件。如果将没有经过实践检验的技术在平台建设中应用，一旦出现事故，后果是很严重的，所以在选择的时候一定要慎重。还有就是经济价值是每一个项目都应该具备的，在系统可行性分析方面，这是一个重要的标准，即便评估起来难度不小，但是这一标准必须存在。而这一标准的评定内容则主要包括获

得利益的方式和途径、开发成本以及回收投资等方面。

（二）系统功能需求分析

确定系统建立过程中哪些软件功能需要完善，是建立系统功能需求分析的主要原因。这是一个最初的阶段，对于学校会计实训平台来说，是一个不可忽视的前提条件。从现实角度学校对其需求来看，实训平台需要具备许多功能，如原始凭证的抽取、生成、维护等，报表的管理、核对，用户的管理，财务的管理等。

（三）系统总体设计思想和原则

会计实训平台建设的基础是系统总体设计的原则和思想。有人会觉得实训平台的作用就是让学生对职场环境进行了解，熟悉业务流程，其实不只是这样的。在实训平台中，教师可以将"教、学、做"等活动相统一，在教学实践中进行运用。所以，在系统的设计之初，对于此平台应该发挥的作用，设计人员应全部了解并在设计的过程中融入其中。除此之外，在系统设计时的技术应该确保先进、实用、安全以及一定的开放性，以此来确保系统的构架和功能的合理。因为只有经过系统的、严谨的构建和设计，才能最终保证这一系统可以满足高职会计教学在根本上的需求。

（四）系统体系结构设计

系统的网络和软件体系结构是会计实训体系构成的两个重要方面。在系统网络设计方面，高职院校的网络一般都是局域网，所以在开发的时候要注意，开发及应用都应以局域网的模式进行，这样教师和学生进入平台就会非常方便。而在软件设计方面，要做到哪里有需求就在哪里补充，从实际需要出发，包括数据服务、逻辑、表示等多个层次。

二、高职会计实训平台数据库设计

数据库的设计是高职会计实训平台中的一项核心设计，需要特别注意，必须给予足够的重视。数据库设计的最终目的是储存量的控制能够在各种功能软件保障通畅运行的条件下依旧能够保持最优秀的状态，使用户在信息处理和需求方面能够得到最大的满足。从对数据库设计的这一方面来看，高职的根本需求如图 5-1 所示。

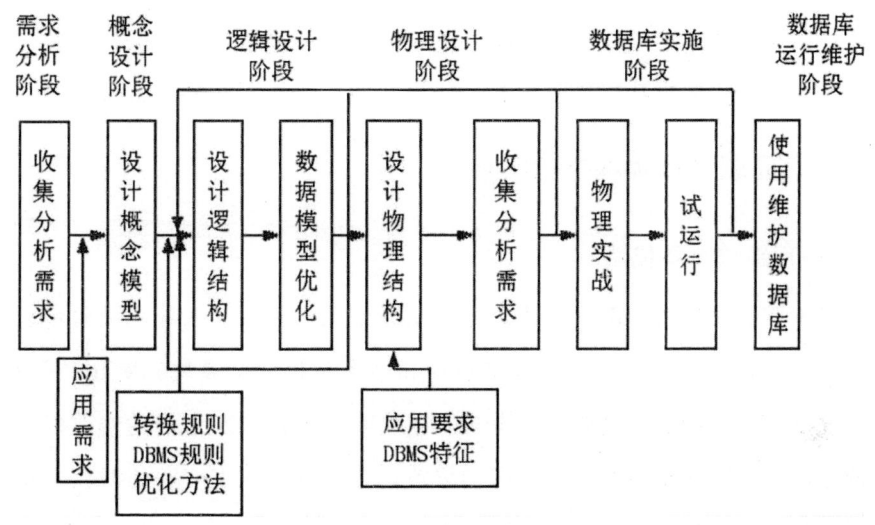

图 5-1　数据库的设计流程图

在数据库设计的同时，有三方面的内容尤其需要注意。第一就是规范性，就是要保证每个数据所在的位置都是正确的，因为数据很多，所以一旦位置错误，将会带来巨大的损失。第二是游标一定要谨慎使用，因为游标一旦使用不恰当，就会不断出现循环，这样系统就要经过很长一段时间的等待，严重的时候系统死机的情况也时有发生。第三就是避免数据冗余，每一个正确的数据都应该在一个表中存在，避免重复占表，否则许多物理空间都会被这些冗余占用，不仅空间减少了，也会给系统的维护造成许多不便。

三、数据库设计的基本框架

数据库设计的时候，原始凭证都是由会计事件数据通过经营控制、短期规划和综合控制得来的。数据库设计的基本框架主要由四部分构成，分别是数据处理设计、元数据库设计、知识库设计、会计事件数据库设计。每一个部分的设计都要有其相应的功能，知识库的功能就是储存相关的会计法规以及原始凭证；会计实践数据库是对业务活动产生的实践进行存储；数据处理设计是对系统中的数据进行处理、分析；元数据库设计是对所有记账相关的模型以及操作和凭证进行管理。只有每个部分都能满足基本需求时，系统的整体可实用性才能得到最终的保障。

四、高职会计实训平台实现

（一）系统登录模块

系统登录模块由三部分组成，分别是系统用户模块、系统登录模块以及系统角色模块。其中，分别是系统登录和系统角色两个模块相对比较简单，而系统角色模块则比较复杂、比较难，主要是因为用户对密码的修改以及注册两方面。尤其需要注意的是密码的修改，这一部分出现变动的时候一定要对其加强控制。具体经过如图 5-2 所示。

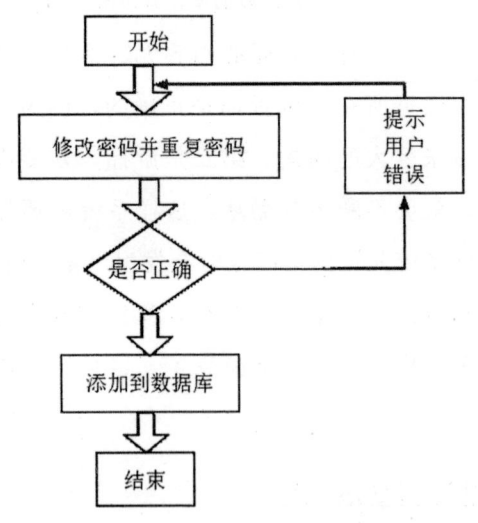

图 5-2　密码修改流程图

（二）系统设置模块

系统设置模块的主要功能是在财务系统中，进行凭证类型、总账结构和原始凭证种类等一系列参数的设定。这一流程从头到尾共有四部分，包括设置相应的参数、确认系统参数、选择相关子系统以及合理验证等。其中每一部分都要进行参数的准确设置，只有这样，系统设置模块的完整性和科学性才能得到保证。

高职会计实训平台包含企业会计工作各个方面的流程，能够让学生在校期间就可以对其全面掌握与了解，为毕业之后步入工作岗位奠定良好的基础。因此，根据高职会计教学的根本目标，对会计实训平台进行合理设计，对促进学生的全面发展具有重要意义，高职相关部门一定要对其给予高度的重视。

第六章

大数据背景下高职会计教学改革的人才培养研究

随着市场经济的发展和会计行业高职的人才发展规划，我国的会计人才发展在未来需要培养一群高素质、敢创新、乐于奉献的高职专业队伍。在会计学专业进行有效的教学改革，促进会计学专业人才的培养，可以确保我国的会计学专业人才竞争优势，有助于建设超一流的会计专业人才队伍，为祖国繁荣昌盛奠定会计人才基础。

第一节　会计信息化人才培养的理论概述

一、会计信息化的含义

会计信息化简单讲就是将会计专业的工作内容与现代化信息技术相结合，通过信息技术对会计的工作数据进行获取、加工、传输和应用处理，将会计工作信息化，为企业的日常经营管理、内部管控决策和经济运行提供有效的信息管理。会计信息化是当今社会发展的必然产物，由于近年来信息化社会发展不断向广深发展，信息技术越来越成熟，任何工作都开始与信息化技术相融合，会计也不例外，这也是未来会计的发展方向。会计信息化给我国企业的发展带来巨大的现实作用，因此也对财务管理提出了新的要求。

二、会计信息化的优势

会计信息化的发展是随着网络时代的发展将传统会计重新整理使用的过程，对于现实工作来说会带来以下三个方面的作用。

（一）提高工作效率

会计信息化的发展可以使会计核算系统更加规范，免除了手工录入会计信息和会计核算环节，只需要将数据人工录入计算机，很多信息便可以自动形成会计需要的信息，从而使会计的工作时间缩短，大幅提升了会计的工作效率。

（二）提高了会计信息的准确性和可靠性

会计信息化相比于传统的会计而言，信息更加全面准确，录入一次便可以长期使用，不会受到公司倒闭的影响，其可靠性可以保证，同时也避免了纸质版手工录入时部分信息缺失或者部分信息不准确的忧虑，减少了人为舞弊现象的发生。

（三）实现在线业务办理，降低企业财务风险

会计信息化的实现将使企业的会计部门与税务、银行、社保、公积金等部门建立网络联系，工作来往也从现实接触变为部分网上执行，这样来往账目信息将会实现留底存根，既方便了会计工作，也降低了公司在财务方面承担的风险。

三、会计信息化对会计人才提出的新要求

新形势下，企业会计人才急缺的是复合型人才，因其能够在激烈的市场竞争中帮助企业制胜，为企业的发展带来更好的动力。

（一）熟练掌握会计电算化

会计电算化是会计行业的一次具有深远意义的变革，这一变革不仅将会计从繁重的财务信息工作中解放出来，还对会计工作的效率和准确度提升起到了巨大的作用。然而在信息化发展的今天，会计电算化也在发展，对人才的要求也在提高，不仅要求会计人才迅速掌握各种会计软件的使用，还要求企业的会计人员对互联网有所了解，提高会计在企业决策方面的作用。

（二）拥有深厚的知识背景

信息化时代，无论从事什么行业，都必须有深厚的知识背景和专业体系。就会计人才而言，在这样的社会大背景下，会计人才在掌握会计专业知识的基础上，还要拓展国际会计和商务惯例，对所从事行业的行业信息、社会信息有所积累，以方便做出更符合企业需求的会计数据分析，为企业提供更为科学的会计资料。

（三）创新能力、数据分析能力

在以上两点要求的基础上，会计信息化对当前会计人才提出了创新能力和数据分析能力的要求，因为当前的会计业务，并不是简单的记账、查账功能，会计工作已经逐渐开始向企业的经营战略决策方向发展。未来，会计的主要职责不是记账、查账，而是企业财务的分析，这就要求财务人才应该具有财务分析能力与创新能力。

四、会计人才培养新目标

会计信息化对会计人才的要求随着信息技术的发展而不断增强，会计信息化要求从业人员必须兼具信息技术和会计专业知识，成为复合型人才。

（一）以培养会计人员的综合能力为核心

当前，我国会计的教育仍然停留在培养会计专业人才上，然而现在社会对会计的要求是会计人员必须具备以会计专业为基础的综合能力。会计信息化要求会计从业人员对会计知识有更具深度与广度的了解，包括会计专业知识和信息技术等方面的知识，同时对企业管理、行业知识以及社会背景知识都要有所涉猎，最重要的是对国际会计和商务惯例进行深入的研究和分析。只有这样，才能在现代企业的信息化会计管理中担任更关键的职位。

（二）会计信息化专业要求

会计信息化的专业要求非常高，所以对人才的要求也比较高，一般必须具有会计和信息化双重职能的会计人才方能胜任。由于信息化环境下的会计工作需要在业务量减少的基础上，对业务的处理更加多样化，对财务的判断、分析、控制的要求更高，所以信息化环境下的业务从业人员必须具有数据输入、分析、输出等能力，为公司的经营决策提供更加可靠的参谋数据。在业务基础上，会计人才对于沟通、数据处理分析、市场预测等方面都要有更高的要求。

（三）差异化人才培养战略

从我国会计教育的实际情况出发，分阶段、多层次地确立会计人才培养目标。区分专科、本科、硕士、博士等不同的阶段，对专科生应注重实际操作技能的培养；本科教育应注重学生综合能力及社会适应力的培养；对研究型院校学生应发挥其科研实力雄厚、综合能力强的优势，注重培养研究能力和创新能力；对于教学型大学，应根据国家和本地实际情况，培养出高素质、动手能力强的应用型人才。不同层次的职业院校应根据其教学资源有针对性地确立会计人才培养目标，以满足社会不同层次对会计人才的需求，体现不同学校的办学特色。

第二节 大数据背景下会计模式存在的问题

一、传统会计模式难以满足现代企业新需求

传统会计模式以手工记账、算账、报账为主要工作内容。近年来，大部分企业实现了会计电算化，但是工作量依然居高不下。高负荷的会计工作难免会出现一定的错误率，既影响工作效率，又影响工作的时效性。在我国，传统的会计模式会带来很多的不便和错误，如会计信息传递矛盾、会计信息错误率居高不下等。而现代企业的发展最讲究的就是时效性，如果错过了市场机会，就会错过很大的机遇，错误的会计信息也会给现代企业带来损失，传统的会计模式对企业财务有五个制约：①过多的会计工作量不利于会计工作效率的提升。②无法为企业参与国际竞争提供帮助。③办公地点受到限制，不利于随时办公。④传统的会计模式无法参与企业的管理，主要是对成本的核算和管理。由于工作效率和工作负荷大，成本核算的数据提供一般都相对滞后，这对于企业在对自身物资和资金的管理方面都有很大的约束，不利于企业的预决算。⑤传统的会计模式已经落后于市场形势，再加上不支持电子商务应用，在电子商务发展迅速的当下，已经越来越不适应当今会计技术的发展。

二、会计信息系统将产生革命性变化

信息化的发展让我们国家与世界经济不断整合，为了提升国际竞争力，我国企业必然要实现管理的现代化和会计信息化，以便在企业决策时，提供辅助判断的工作。

（一）会计功能扩大化

与会计信息化相比，传统的会计信息系统主要功能有所欠缺，只能反映企业经营活动的基本功能，而在大数据时代，会计信息化使会计工作的内涵和外延都有所变化。

第一，互联网的使用者范围扩大，在大数据时代，会计信息的使用者不再仅是企业内部的会计部门和企业的管理层，而是扩展至企业外围，包括投资者和政府部门，以及技术供应商。

第二，会计信息化将改变货币价值信息的重要性，然而会计信息化能够为企业的决策提供更多的依据。例如在创新能力、客户满意度、市场占有率、虚拟企业创建速度等方面都有所依据。会计信息化的发展，扩大了企业决策的数据信息化，为企业决策提供更有力的保证。

第三，互联网使会计信息化的操作流程变得更加简易，同时也变得更加方便，把企业的会计人员从繁重的企业财务工作中解脱出来，在企业管理和决策方面，提供更多的科学数据。互联网的发展给会计发展提供了新的机遇，使会计信息化发展更加壮大。

（二）财务信息的搜集处理使用动态化、实时化

互联网背景下，财务信息实现了共享，所以企业各部门之间对财务信息的搜集是实时的，没有时间和空间的界限，无论是企业的内部数据，还是外部数据，都可以在系统中调出进行搜索、查询。在互联网背景下，企业的原始数据和记账凭证都被记录于数据库中，可以实时做账、实时查阅，而这种状态对于企业的经营状况和成果都能够动态查询，账面信

息都能够如实地反映出来，这样可以使企业的财务数据随时结清，有助于企业的发展。互联网会计信息化的发展，对我国企业的会计信息做了更加动态和实时的分析，也对当前的企业经济环境做了很好的判断。所以，财务信息化的实现，必然能够对企业的发展乃至企业的会计人员有巨大的提升作用。

（三）财务信息无纸化

会计信息化的发展对企业财务的分析和发展都有非常重要的作用，其中最重要的一点就是无纸化。①数据输入无纸化。数据通过计算机录入，既可降低财务人员的工作负荷，同时又可以节省运营成本，还可以降低财务工作的出错率，可谓一举三得。②处理过程无纸化。会计信息化录入的数据可以自行完成数据处理，节省财务人员的分析成本，大幅提升工作效率和准确率。③财务信息输出无纸化。财务信息与互联网连通，可以使财务信息的储存和输出都通过互联网实现，以网络方式输出的数据可以直接观看，无须以纸为媒介，可以节约成本，也可使数据的运用更加便利实时。

（四）支付结算电子化

支付结算随着网络时代的到来更加便捷，结算方式逐渐由货币支付转变为电子支付，而电子支付主要是由中国人民银行牵头达成的，在当前已成为主要的支付方式之一。当前无论是电子商务，还是网上购物，基本前提都是网上支付，因网上支付既不需要现金交易，也不需要支票交易，只需要网上转账即可。随着结算的电子化，我国的现金支票将会慢慢退出资金流通领域。

（五）财务、业务协同化

财务、业务协同化是互联网的发展与普及的结果，而财务软件的使用使财务信息的使用和发布逐渐由企业内部转移到企业外部，实现财务信息共享，对于企业之间判断市场趋势有重要的作用。

（六）决策支持群体化

企业决策层的决策以前是凭借企业经营管理人员的经验和对市场的判断，

而随着财务软件的使用，可将财务信息通过互联网传递到每个人员手中，为企业决策层提供必要的条件。

（七）财务人员工作方式网络化

传统的财务工作需要财务人员手工记账、入账、分析。随着电子信息技术的发展，财务电算化逐渐实现，财务工作逐渐由手工发展为计算机财务，财务人员的工作方式由手工转为计算机录入。如今，随着财务的发展，会计信息化逐渐进入企业视线，当前大部分企业都实现了互联网财务，财务信息实现了随时传输、随时共享，企业财务状况更加直观、明了，财务信息对未来的经营预测更具时效性，不仅提高了工作效率，还对企业的发展起到了更好的作用。

（八）财务部门扁平化

传统的财务工作分工明确，一个岗位一个人员，每个岗位都不可替代，缺少一环便缺少一部分账单，所以，在传统会计模式下，会计部门是人员最多，也是效率最低的。如今在互联网背景下，会计信息软件将一些财务岗位模糊化，很多财务职能如出纳、成本、材料等岗位逐渐模糊化，总账、报表等岗位可以取消，而对于数据搜集、数据分析等岗位则需要加强，这是财务信息化带来的变化，也是财务部门的扁平化趋势，不再有太多的主管和经理兼任财务部门领导，而是将职权分散到每个岗位之中。

第三节　大数据背景下会计专业
人才培养改进措施

会计专业人才培养主要是对复合型会计人才的培养，这是企事业单位在未来发展中必须遵从的目标。各大职业学校都需要为社会输出高质量的技术应用型人才。在我国，会计教育具有职业性、岗位性、针对性和实用性等特色，最终的目的是为企业培养高素质会计人才，培养学生的软件操作能力、职业能力以及数据分析能力。在当前会计信息化趋势下，对会计人才的培养主要是对财务分析能力和财务创新能力，从核算型会计逐渐转变为决策型会计。在互联网背景下，会计人才培养还要从以下三个方面入手。

一、培养互联网思维

（一）会计信息化教育要多元化

传统的会计专业以基础知识教育为基础，但是在大数据时代，也要增加网课、微课、翻转课堂等教学形式，丰富学生的教学模式，拓宽学生的学习渠道，丰富学生的学习内容，借以增强学习效果。新教学手段的运用可以有效培养学生的独立学习、思考和解决问题的能力，对于学生未来的职业发展和人生发展都具有非常重要的作用。互联网背景下的职业院校教育需要以提升学生综合素质为核心，从而满足当今会计人才的需求。

（二）培养学生的互联网思维

会计信息化时代的到来对会计专业的学生提出了更高的要求，不仅对专业知识有要求，也对学生软件适应和运营能力、数据收集和分析能力提出了更高的要求。一般而言，数据信息化时代，财务学习的重点在于将理论与现实技术相结合，构建全新的学习模式，并将教育逐渐社会化，加强学生毕业后教育和财务信息化教育。

二、企业层面：加强培训、调整人才结构

（一）注重企业财务人员的培训，并建立多种培训方式

第一，培训要循序渐进，根据各企业对会计人才的要求，对会计人才的培训要循序渐进，首先要从会计专业知识入手，然后加强互联网技术、财务软件使用、平台管理与应用的培训。

第二，企业内部开展各种形式的培训，可以以网络为基础，进行网络培

训、微课培训等，也可以邀请著名的会计专家举办讲座培训，在平时的培训过程中，多注意人才的培养和储备。

第三，企业内部开展各种比赛交流活动，以促进会计信息化知识的消化与应用，活动开展形式可以是技能大赛，也可以是论文评比，总之目的只有一个，那就是提高大家的学习兴趣，使知识掌握得更扎实。同时，企业还可以通过各种物质上和精神上的奖励促使财务人员工作干劲十足、学习劲头十足。

（二）优化财务会计人员结构，实现财务会计的扁平化管理

第一，企业要制定相关的财务人员岗位职责和岗位待遇方案，该方案对财务人员的具体职责、薪酬待遇都要有明确规定，优化财务人员队伍。另外还要对财务人员建立相应的奖惩措施，以便能够更好地管理和制约财务人员，使其认真工作。

第二，加强财务人员的人才储备，通过对职业院校和社会上的优秀财务人员进行考察和引进，并加以重点培养，来促进企业的发展。

第三，实行轮岗制度，它能使每个财务工作者都熟悉工作流程，万一发生突发事件，不至于使财务工作停顿。同时，轮岗制度可以有效培养新人和重点培养对象，为企业财务工作积蓄力量。另外，轮岗还可以有效地提升会计人员的素质，培养出一些业务能力强、数据分析能力强、对企业发展有重要作用的人。

（三）加强校企合作的模式，使学校的人才能够迅速为我所用

第一，与学校订立用人合同，使学校为企业培养专业化的、高素质的、对口的会计人才，这对于企业和学校来讲是双赢的，不但为企业解决了人才问题，同时也为学校解决了就业问题。

第二，制订企业财务人员的学校再培养计划。学校一直都是知识的传播基地，如果企业的财务人员能够定期到学校进行再培养，不定期参加财务课程讲座，必然能够有效提高素质，促进企业的发展。

第三，组织财务人员骨干培训班。财务人员的骨干培训班是企业为自身发展培养财务人才的必经之路，也是企业发展的最终归宿。

第四，通过学校培养一批中高级会计职称人才，为企业的会计发展做出贡献。

三、个人层面：加强信息技术学习

（一）具备网络技术业务处理能力

随着我国会计信息化的不断发展，会计从业人员必须从自身找原因，迅速提升自身的业务处理能力，这是一名工作人员的立身之本。会计从业人员不仅要对会计的基本知识烂熟于胸，更要对互联网技术、会计软件的使用和管理，以及网络平台的运行与维护都能熟练运用，向复合型人才靠拢。

（二）提升自我信息判断能力

会计信息化的发展必然引起会计职务的变革，随着会计信息化的发展，会计的工作已经逐渐转变，由财务信息的处理和提供，逐渐转向了对财务数据分析和参与企业决策。财务信息的录入不再是最重要的，而对企业发展的决策前预测和在企业决策执行过程中的成本控制变得尤为重要。所以，对于会计从业人员来讲，具备一定的行业判断能力、市场分析能力和敏锐度都有更高的要求。

（三）要有保障会计信息安全的能力

因为随着互联网、移动设备、云计算和社交媒体等新技术、新载体的大量运用，会计信息系统将面临被外部攻击的风险。所以，会计从业人员必须强化保障会计信息安全的能力，有效防范会计数据被截取、篡改、损坏、丢失、泄露等风险。

第四节　互联网远程教育在会计
人才培养中的运用

一、远程教育的概念及其特点

远程教育是一种新兴的教育模式，是更加适合业余学生的一种教育方法。它采用的媒体手段一般以网络或电视为主。它打破了地域和时间的限制，学生可以没有固定的学习场所，学生不需要在固定的时间和地点听课学习，学生和教师也不需要见面，学习的整个阶段都是通过远程的移动网络或者广播等数字媒体传送的。远程教育是一种非常开放的、灵活的学习方式，它打破了旧有的单一的学习模式，使得学习途径更加丰富、多样。

二、远程教育会计专业实践教学的重要意义

远程教育会计学专业的培养方向主要是向社会输出适应各种国有、民营、基层单位的财务方面的人才，通过对学生的远程培育使其能在相关单位担任财务核算、整理、分析等工作，并能够运用高科技手段处理工作业务，达到会计学专业必须具备的实用性特征。不难看出，会计专业的最终培养方向还是使学生胜任企业工作，这就需要培养学生的教学内容不只是局限在理论知识的学习上，还要结合实践进行实操训练。只有将教学理论和实践相结合，多增加锻炼实操的各种体验课程，才能培养出高能力、高水平的学生，培养出真正适应工作岗位的会计人才。

会计专业高等院校作为培养会计专业人员的主要场所，输出的会计人才能不能适应企业岗位、是否有过硬的业务实操能力，直接反映出高职院校的教学水平。这是社会评价高职院校的铁标准，所以实践教学的构建也是提高教学质量的重要步伐。

新型的教学模式要培养出适应工作需要的实操型会计人才，就要在教学

中将理论知识和实践能力契合地相互融合，梳理两者的相互联系，不断优化理论知识在实际工作中的应用方法，提高实际操作的学习质量。将建设远程教育打造为理论与实践并重，适应多种学习受众群体的实践性、教育性体系。

三、远程教育会计专业实践教学体系的构建

会计专业实践教学结构中包含的项目有教学实验、规定时间内的专业实习、模拟专业体验等。高效的专业教学质量不仅需要有充足的实践教学时间以及高标准的教师指导，还需要具有模拟真实常见工作场景的场所以及具备专业的管理模式。

坚持以实践教学思路为指导是构建远程教育会计专业实践教学体系的关键所在，首先，要从思想上重视专业学习中实践教学的部分，从政策上支持实践教学。其次，要坚持教学中理论与实际相结合的基本思想，还要坚定教学方式转变的信念，明确其重要地位。实践教学是有整体体系的，整个体系中的环节缺一不可，实践教学应建立在师生积极参与的过程中，将教师教授课程过程和学生学习课程过程充分融合，这也是实践教学的基础。教学体系中需要将课程进行的实际操作和学生实习期学习作为实践教学效果的体现。最后，综合素质运用。如毕业设计实践操作，作为体系核心完成全部实践教学体系结构，细节分类又可以从实践教学方式、内容、教学程序做详细分析。

第一，从教学方法来分析。主要体现在利用多种形式贯穿全程参与，意思是必须保证教学过程学生全程参与其中，参与程度可以逐层加大，由起初的小范围手工实验模拟到中间阶段的基地实战训练，再到最后完全自己实践完成毕业论文。

第二，从教学内容分析。主要体现在实践课程安排递进进行，第一阶梯是小范围实验教学；第二阶梯是实习实践，学生进入实习单位接受实际工作完成任务；第三阶梯是实战训练，学员深入具体单位完成完整业务；第四阶梯是毕业论文和毕业设计。四个阶梯如同楼梯一般上下分明，层层递进，通过前一层才能到达下一层。教学机构需要坚持理论联系实际的教育原则，合

理安排教学内容，对各个阶段学生的参与成果进行指导，最后用心、合理地选择毕业论文命题。

第三，从教学程序分析。主要以"以学生为中心、全过程监控"为指导原则，多方面完善教学计划，促使教学规划顺利完成。一方面是要严格完成规划内学时时长。会计专业学生要利用足够的时间进行实践活动，选择实践活动的方式方法，这也就是常说的教学计划执行监督。另一方面要为学生进行的学习实践提供必要的场地、所需要的设施以及专业化的指导和评价，也就是常说的服务支持。同时，还需要为进行实践活动的学生组织专门的教学教师、设置教务组织等，以保障实践活动教师团队的专业性，也就是人员方面的支持。除此之外最后两项也必不可少，一是要建立评定学生实践效果的考核制度，定期考试，公布成绩，利用考核制度监督督促，也就是考核制度监督。二是监督检查。职业院校机构为了保障教学计划顺利完成，并达到预期效果，要定时对教学进度进行查看，纠错指正。定期监督检查保障是实践教学全程监控的重要监督力量。

四、会计专业实践教学方案的实施过程

远程教育作为一种开放式的教学方法已经被越来越多的学生喜欢和接受。遵循教学方案的整体结构，在进行实践教学步骤时需要按照大纲要求步步分解，一步一步依次进行学习。清晰了解实践学习包含的三方面步骤、四步递进阶梯和五种监督机制，在此基础上逐层分化进行小范围实验课，针对性实习，专业基地实战，最终重点聚集实操，完成毕业方案。

学生学习过程中要做到理论与实践相结合，两方面的学习时长应相当，不应顾此失彼，这样更有利于学生在学习会计专业基本知识、基本技能的同时锻炼对实际账目的分析、整理能力，为以后的学习奠定坚实基础。这个学习过程同样需要教师的监督。教师们通过考核记录成绩、评价实践效果、到课人数签名等措施来提高学生积极性。

实践教学学习不是一成不变的，无论是学生实习期还是实践基地学习中

都可以，设计加入符合学生单一培训的学习模式，通过有针对性的实操业务工作提高学生的主动性，增强兴趣感。学生在企业实习过程中，学校需关注并指导学生在实习的企业财务业务上寻找自己擅长的、实用的毕业论文选题，以便在后期论文设计中将实习期所学加以运用。

会计专业学生通过深入企业具体财务岗位实践，可以学到实时的行业动态，也会在具体工作中自然而然地将校内所学的理论知识进行应用。实践和理论的双重融合培养了学生学以致用的能力，为实践教学的后期步骤打下基础。

为了使实践教学规划方案得到实施，在整个教学实践中必须充分重视对实践教学全程的监督评价工作。学校为保证这一职能充分发挥设立了专门部门，组织各个职位人员对教学过程分段监督。实现有力监督的同时，学校也应该积极对教学效果及时评定，评定需具体细化，如对学生出勤、实操、主动性、理论理解、实践应用、财务业务分析、报表编制等做出评定，达到督促目的。在评定学生各方面的同时，教师需要对学生体验、实验过程中的问题做出引导，并结合新兴教学模式，适用当下学生乐于接受的教学方法灵活授课、多样授课，在注重教学效果的前提下保障学生的积极性。

第五节　大数据时代下会计人才胜任能力评价指标体系的建立

一、胜任能力概述

（一）胜任能力的含义

胜任能力指的是可以胜任某种工作或者活动，而且呈现出比他人优秀的一种能力和素质。胜任能力是美国管理学家麦克利兰提出的。国内学者把这个词翻译成关键胜任能力、核心能力、胜任特征，也可以简单地称作素质。

人力资源管理和现代管理学非常重视的就是胜任能力。如何界定人力资源个体胜任能力，可以得出招聘和任职的依据，可以顺利地找到优秀的人才，同时也有利于员工招聘任职之后进行正确培训、高效使用和进一步开发。

（二）胜任能力的特征

据国外学者的研究，最常见的、具有一定普遍意义的胜任能力涵盖以下特征：①个人特征。个人特征包括自信、自我控制、灵活性和组织承诺。②影响特征。影响特征包括个人影响力、权限意识和公关能力。③服务特征。服务特征包括人际洞察力和客户服务意识。④管理特征。管理特征包括指挥、团队协助、培养下属和团队领导。⑤成就特征。成就特征包括成就欲、主动性和关注秩序和质量。⑥认知特征。认知特征包括技术专长、综合分析能力、判断推理能力和信息寻求。

也有的学者注重胜任能力中与工作绩效有直接因果关系的一系列因素，如认知能力、人际关系能力、与工作风格有关的因素等。认知能力主要指一个人分析和思考问题的能力，它包括问题解决能力、发现问题的能力、决策能力、项目管理能力、管理时间能力等。与工作风格有关的因素主要关系到一个人在特定情境下采取何种行动。人际关系能力是与人打交道的种种技能，如处理与上司、同事、客户等之间的关系。

二、大数据时代下会计信息化人才职业胜任能力供需现状分析

（一）基于能力要素法的用人单位招聘意向分析

研究用人单位的人才需求是会计人员职业胜任能力框架建设的首要工作。招聘单位发布的招聘信息通常能够表明用人单位对人才能力的要求。下面分析会计人员的社会发展现状，主要从用人单位的招聘信息着手。

首先，能力要求是用人企业发布的招聘信息中表明的岗位要求，即用人单位对面试会计人员的职业能力要求。要求很多，不过实质内容是类似的，如热爱本职工作、为人正直、保守商业秘密等都是职业道德层面。其

次，所占比重指的是岗位要求中提到的用人单位对某种能力的个数占总数的比重。最后，解释信息是指对所列的各种岗位要求所做出的相关解释。

1. 用人单位都非常重视会计人员的信息技术能力

大数据时代下，会计人员熟知相关信息技术知识能够更好地胜任会计工作。公司向着信息化发展，在公司管理中财务软件发挥着越来越大的作用。现在市场上商业化的财务软件主要是金蝶、SAP 和用友，它们不单是会计记账工具，还能够为公司决策提供信息支持，这直接关系到会计人员对财务软件的使用程度，很多用人单位要求面试会计人员掌握财务软件的使用能力，这就表明了财务软件在公司管理中的战略地位。除此之外，由于办公自动化的应用，也必须熟练掌握 Word 和 Excel 等办公软件的使用方法。同时，由于信息技术的进步，数据库管理、电子商务、网络知识、数据分析等计算机技术也必须熟知，对信息技术的熟知除了可以增强自身的竞争能力，还可以给公司发展创造价值。

2. 用人单位非常重视会计人员的工作经验

市场经济环境下，经济业务变幻莫测，实践和理论需要结合，课本中的知识需要实际应用到千变万化的经济环境。公司招聘会计人员的时候，衡量人才能力的重要标准就是工作经验，而且拟招聘职位越高，对工作经验的要求也越高，有些高层财务人员招聘要求应聘人员具有 10 年以上工作经验。另外，在一些会计职业资格考试中，如初级、中级、高级会计职称以及 CPA、CCTA、ACCA 等证书，会计人员报考时都要求有一定年限的工作经验，这就说明了工作经验对会计工作的重要性。

3. 用人企业更加青睐有职业资格的会计人员

基于企业角度，检验面试人员专业能力的主要方法即面试人员是否持有相应的资格证书，这直接导致资格证书考试变得十分热门。初级的会计人员要求必须持有助理会计师证书和会计从业资格证。高级（财务经理和财务主管）会计人员要求具备 CPA 证书、中级或高级会计职称。除此之外，因为全球经济的飞速发展，对于国际化会计人才的需求与日俱增，一些国外证书如

ACCA 开始备受喜爱，用人企业开始关注了解国际经济环境的会计人员。

4. 用人单位比较注重会计人员的专业素质

专业会计人员素质一般指会计人员的实务操作能力、风险管理意识、筹资能力、专业知识、财务管理能力、决策支持作用、财务分析能力等，有的是任职会计职位所必需的专业能力，剩下的则是成为高级财务人才应该具备的能力。

用人单位对工作经验、职业资格、学历和熟悉相关法规的要求就是对会计人员专业素质的门槛。某些专业素质一般都是在学校教育里面学习的，之后在实际工作中进行应用实践，渐渐构成了个人的专业素质。会计人员的专业素质影响了他们工作能力的大小，直接影响为公司创造的价值，因此用人单位特别在意。

5. 用人单位越来越重视会计人员的职业技能

当前，用人单位对会计人员的能力重视程度与日俱增，从工作实践中可以看出，学习能力、沟通协调能力、团队合作能力、表达能力、人才培养能力、分析解决问题能力重视度最为明显。因为会计职能开始从简单的处理账务变为管理公司，操作实务的能力开始变小，慢慢变强的是职业技能，集中体现在高级财务人才群体。

6. 用人单位更加注重会计人员的职业价值观

会计人员与公司的资金流动密切相关。他们熟悉公司内部的财务机密，而且背负着相关的社会责任和希望，他们的职业价值观决定了会计工作的完成情况，更是直接关系到公司的生存发展。

因为社会的进步，会计职能也随之充实丰富，会计事务要求会计人员的基本能力与日俱增，归根结底是我国社会经济不断发展的必然产物。研究直接表明当前阶段我国对会计人才的需求状况，成为会计信息化人才胜任职业能力的主要参考指标。

（二）基于功能分析法的职业胜任能力现状研究

说起我国会计人员胜任职业的能力状况，初级会计人员供大于求，而高级财会人才成为至宝，需求量越来越大。高级会计人员到底应该具备哪些能力？初级会计人员欠缺的能力到底有多少，到底是什么能力指标限制了他们的能力发展？会计学术界以及会计从业人员仔细探索研究过会计人员胜任职业的能力，主要归纳为以下几点。

1. 会计职业道德观念有待提高

我国在会计从业资格考试职业道德科目中明确表示，会计职业道德八项要求：提高技能、客观公正、参与管理、爱岗敬业、坚持准则、强化服务、廉洁自律、诚实守信。财务从业人员的职业道德观念需要提高。

2. 信息化条件下，会计人员业务水平不够

现在的用人单位都认为信息化十分重要。会计信息化对会计人员的要求越来越多，但是，有的会计人员，特别是喜欢手工处理账务的大龄会计，掌握不了财务软件的使用，直接限制了公司实现信息化。很多公司在面试时会对会计人员是否熟悉财务软件及办公软件的使用有明确要求，尽管有的公司没有直接说明，但是会计在工作时也会用到相关软件。

3. 缺乏必要的职业技能，无法顺利完成工作任务

尽管相关会计人员熟悉大量的专业知识，而且获得了很高的学术研究成果，但这并不表示他们能做好会计工作，主要是因为他们缺乏必要的职业技能。如果不善于沟通，与公司其他部门的合作就不会太通畅，也就无法快速适应规则和相关法律规范的变化。

4. 知识结构不合理，财务业务水平也不高

由于会计人员单一的知识结构，初级会计人员仅仅熟悉会计核算，对金融、投资等方面的知识完全不懂，其职业水平会被限制。会计人员的工作任务不局限于处理账务，主要管理公司资金，进行正确的投资、融资等管理财务事务，必须掌握会计核算知识以及金融、投资、经济等相关专业知识。会计人员增加学历教育和提高实践经验才能解决这一问题。

三、经济全球化大背景下会计人才胜任能力评价指标体系的建立

(一) 经济全球化大背景下会计人才胜任能力评价指标设立原则

1. 可行性原则

指标的确定必须要有理论依据和合理、科学的指标，而且必须结合实际情况，直观可量化、操作起来切实可行，用这样的指标来进行评价，得出的结果才是正确和合理的。

2. 科学性原则

如果要求指标得出的结果更接近客观事实，那么设计评价指标时必须坚持科学性原则，这样得出的结果才是真实可靠的，评价的结果才是可信的。如果想要准确和全面地评价一个对象，那么必须有一系列具有内在联系、能够立体地对评价对象进行评价的指标体系。因此，坚持评价指标的科学性原则，基本上体现在指标的数量和层次上。

3. 可操作性原则

如果评价体系指标设计得粗陋简略、烦琐复杂，就违背了科学性与可操作性原则，直接后果就是结果太简单有失精确或者过程太复杂无法计算。因此，在科学合理的前提下，设计指标的时候应尽量做到简单，而且要充分考虑实际情况，可以在具体操作中进行简单的操作，让设计出来的指标具有实际意义。

4. 目的性原则

每一个因素或指标都是借助层次分析法把总目标逐级分层得到分目标，因此在设计指标时，要保证每一个指标都能和上一级目标结合，并且能够全面体现这一目标。同一层次的不同指标可以互相补充，这些指标放在一起可以完整地展示它们上一级的目标。

5. 分类原则

我们把会计人才分为初级、中级和高级会计人员。初级会计人员主要处

理基础的财务工作，在企事业单位中一般担任出纳和会计助理等职位；中级会计人员是指可以担任企事业单位主要财务负责人工作或者可以处理相关领域的财务工作，主要涵盖小公司财务部门的负责人或者大公司集团会计总负责人助理等职位；高级会计人员是指掌握丰富的会计实践经历和较强的职业能力，可以独立领导和组织处理本单位财务会计工作，可成为公司的管理层，在企事业单位中主要担任高级财务分析师、高级会计师、首席财务师等职位。基于不同层次的人才，承担不同的工作，对他们的胜任能力要求也是不同的。

（二）经济全球化大背景下会计人才胜任能力评价指标设立

1. 初级会计人才胜任能力评价指标设立

（1）初级会计人员知识评价指标

在信息化形势下，初级会计人员必备的知识分为与互联网相关知识、基本知识、相关的专业知识，因此把信息技术知识与相关专业知识和专业知识标为二级指标。在专业知识层面，把会计管理、财务会计标为三级指标。信息技术知识层面，把常用软件工具的运用和商务相关信息技术知识标为三级指标。相关专业知识层面，把法律和税务标成三级指标。

（2）初级会计人员能力评价指标

初级会计人员需具备的能力涵盖与工作相关的表达沟通能力以及业务能力。其中，业务能力涵盖判断能力和操作能力，表达沟通能力涵盖口头表达能力和协调沟通能力。因此，可以把业务能力与表达沟通能力标成二级指标，判断能力、操作能力、口头表达能力以及协调沟通能力标成三级指标。

（3）初级会计人员技能评价指标

初级会计人员必须具备的技能涵盖相关技能和专业技能。专业技能涵盖纳税事项、日常经济业务核算与财务报告，相关技能涵盖财务软件的运用和操作计算机常用工具软件。因此，可以把专业技能与相关技能当成二级指标，二级指标下具体对应的技能就是三级指标。

（4）初级会计人员素质评价指标

初级会计人员应该掌握的素质是道德素质，把道德素质当成二级指标，然后把诚实守信、自律精神、客观公正和爱岗敬业当成三级指标。

2. 中级会计人才胜任能力评价指标设立

（1）中级会计人员知识评价指标

经济全球化背景下，可以将中级会计人员必须具备的专业知识和专业相关知识当成二级指标。专业知识又涵盖了财务管理、审计和高等财务会计，将这三项当成三级指标。专业相关知识又涵盖税收策划以及相关法律知识，这些项也当成三级指标。以上为经济全球化背景下中级会计人才一级指标知识的各级评价指标。

（2）中级会计人员能力评价指标

经济全球化大背景下，中级会计人员应该掌握组织协调能力、业务能力、分析与解决问题能力，可以将这三种能力当成二级指标，业务能力涵盖从专业的角度对经济业务进行判断的能力、对所需财务信息的捕获能力；分析与解决问题能力为对所遇到的问题从专业的角度进行分析以及利用专业知识进行解决的能力；组织协调能力涵盖协调沟通能力与组织、管理能力，把上面几项能力当成三级指标。

（3）中级会计人员技能评价指标

经济全球化大背景下，会计人员应该掌握以下技能：相关技能以及专业技能。专业技能与相关技能是二级指标，专业技能涵盖资金的筹集、投资、资金的分配以及财务分析能力，相关技能涵盖操作运用公司管理软件与会计软件，把以上几项当作三级指标。

（4）中级会计人员素质评价指标

经济全球化大背景下，中级会计人员有必要掌握的素质涵盖业务素质和道德素质，因此把业务素质与道德素质当成二级指标。在业务素质中涵盖会计职能的转变以及全新的会计理念，道德素质主要涵盖提高技能、参与决策管理、服务意识、坚持准则，以上几项就是三级指标。

3. 高级会计人才胜任能力评价指标设立

高级会计人才胜任能力评价指标的制定包含知识、能力、素质三个方面。

（1）高级会计人员知识评价指标

高级会计人员应该熟悉的知识分为专业知识和相关专业知识。这里面的专业知识内容涵盖了基础财会专业知识和高级财务知识，相关专业知识涵盖了管理经济金融知识、公司相关知识和法律相关知识。专业知识与专业相关知识就是二级指标，下设的内容就是三级指标。

（2）高级会计人员能力评价指标

高级会计人员应该具备的能力划分成分析决策能力、组织领导能力、业务能力、沟通协调能力，这些能力就是二级指标，把里面涵盖的详细内容当成三级指标。以上是经济全球化大背景下高等会计人才一级指标能力的各级评价指标。

（3）高级会计人员素质评价指标

高级会计人员应该具备的素质涵盖视野素质、职业道德和职业素质，把这些素质当成二级指标，把它们涵盖的项目当成三级指标。

（三）经济全球化大背景下会计人才胜任能力评价指标内容

1. 初级会计人员胜任能力评价指标内容

（1）初级会计人员知识评价内容

一般来说，初级会计人员应该熟知的知识划分为信息技术知识、会计专业知识与相关专业知识。

信息技术知识是目前会计人员必须具备的，这样才能顺利完成会计工作，由于现代公司之间的交易和相关经济业务基本上都是借助互联网在计算机上完成的，借助计算机软件也能对公司会计信息进行计算，会计人员必须了解这些方面的知识才可以处理财务工作。这些知识一般涵盖商务相关信息技术知识和常用软件工具的操作。商务相关信息技术知识涵盖电子汇兑、信息安全、电子商务系统和电子数据交换等；常用软件工具涵盖 PPT、Excel、Word 等。在经济全球化大背景下这些知识是十分重要的，熟练掌握信息技术相关知识就可以借助信息化的工具操作会计工作。

会计专业知识是会计人员必须具备的基础，是担任会计工作的前提，基本涵盖财务会计和会计管理等。在经济全球化大背景下，要做到全面系统的监督与核算公司发生的各项经济业务，能够给公司投资人、债权人等在内的与公司利益密切联系的人提供公司的经营状况与获利能力。

专业相关知识是与会计工作相关的知识，一般涵盖税务、法律等相关知识，尽管这些知识不是会计专业的基础知识，但是由于经济全球化大背景下，公司与外部金融、法律机构之间的关系越来越紧密，这使会计工作和这些相关知识也变得越来越紧密，在会计工作中变得日益重要，因此必须掌握。

（2）初级会计人员能力评价内容

完成一项工作，不单靠专业能力，同时应该具备与完成工作相关的能力，由于专业能力与专业密不可分，这是保证工作完成应该掌握的基本的职业能力。初级会计人员应该掌握本职业的业务能力，还应该掌握沟通表达能力，才能胜任本职工作。

初级会计信息化人员着重锻炼实务技能和职业判断力。实务技能重点在培养会计人员顺利完成简单财务工作的能力。职业判断力是在大量复杂的业务信息场景中，由于社会环境的千变万化，影响会计业务的因素与日俱增，不同因素的影响程度存在很大的差异，因此要求会计人员在从事会计业务时必须使用专业知识进行谨慎、全面的思索，保证能够准确公示公司会计信息，保证会计信息的真实性。

（3）初级会计人员技能评价内容

技能是保证本职工作顺利完成的基本方式。知识是技能产生的基础，技能体现了对知识的运用，不同的知识结构下技能结构也是不尽相同的。初级会计人员应该掌握的技能必须和本人具备的知识相匹配，因此，初级会计人员必须具备专业技能与相关技能。

专业技能涵盖税务报告和日常业务会计核算。要求会计人员可以熟练地对公司日常发生的相关会计业务进行正确的计算，涵盖熟练地在计算机会计软件上进行凭证的填制和审核、账簿的查询，进行成本的归结计算，填写期末会计报表，清查月末财产以及准确地借助税务系统软件申报电子纳税。

相关技能涵盖会计软件的使用和计算机常用工具软件的操作。在经济全球化大背景下，公司一般运用 ERP 软件或者相应的公司管理软件，这要求会计人员可以顺利操作相关软件，而且具备一般性故障纠错方法以及排除方法，而且熟悉计算机的软硬件相关基础。经济全球化大背景下，给会计人员对公司发生相关业务的数据进行系统性对比和分析提出了新的要求，会计人员必须可以灵活地操作 PPT 和 Word 等日常办公软件进行相关数据的归类、分析对比，同时阐述相应的结果。

（4）初级会计人员素质评价内容

在职业道德素质方面，经济全球化大背景下要求会计人员的职业道德要适当提高。①爱岗敬业。在开放的互联网背景下，以网络为根基的会计信息化虽然让我们的生活变得丰富和便利，但是安全性面临着巨大的挑战。如何保障会计信息不被泄露、篡改、窃取，如何安全地传递信息，免受病毒和黑客等的入侵，这是摆在会计人员面前的课题，他们不仅应该掌握业务技能和信息技术，还要做到认真负责，有高度的责任感和敬业意识。②诚实守信。高速发展的信息技术与会计结合，市场竞争变得越来越混乱，关系变得错综复杂。在市场经济中，商业信息的背后往往是巨大的利益，在工作的时候会计人员会知道很多公司的机密，这些秘密涉及社会各个层次和方面的人的利益，对不同的人也会带来不同程度的影响。所以，会计人员应诚实守信，保守商业秘密，将其作为必备的责任。③自律精神。在传统的会计环境下，会计信息均记录在纸质介质上，不容易被篡改，而在经济全球化大背景下，信息需要在计算机中录入和处理，如果提前植入木马软件或运用超级用户法等方式进行舞弊，这对会计人员的自律精神提出了巨大挑战。④客观公正。互联网让会计人员拥有更高的责任，会计人员不仅要为税务机构、金融机构等提供财务信息，而且要为公司管理层服务，因此会计人员必须客观公正，为各方会计信息使用者提供客观、准确的信息。

2. 中级会计人才胜任能力评价指标内容

(1) 中级会计人员知识评价内容

在经济全球化大背景下，中级会计人员的知识结构也涵盖专业知识和专业相关知识。

中级会计人员不仅要熟知基本的财务专业知识，同时应该具备高等财务会计知识，因为在经济全球化大背景下，公司会出现基础财务会计中不涵盖或公司偶尔经历的特殊经济业务，这需要中级会计人员利用高等财务会计相关知识进行核算和监督，向公司管理层提供有价值的会计信息或者有用的决策。同时，中级会计人员还需掌握财务管理知识，因为中级会计人员需要能够在既定的整体目标下，借助综合各种信息渠道所获得的信息，灵活地做到对财物的运用、分配及管理。除此之外，中级会计人员仍需具备审计相关知识，做到进行基本的对凭证和账簿的复核审查，对经济活动过程的记录、计算和反映进行监督，对财产的清查，确保会计资料的真实准确，为企业的管理和决策提供真实有用的资料和信息，并且在财务人员权限分工中做到不相容职务相分离，从制度上加强对经济活动过程的记录、计算和反映的监督。

中级会计人员在积极参与公司经营决策时，借助综合分析各项财务信息，在合法性、目的性、筹划性基础上，借助税收筹划，实现纳税人的税收利益最大化，让公司生产经营决策、可支配收入增加，让公司正确进行投资、获得延期纳税的好处，公司减少或避免税务处罚取得最大化的税收利益等。

与此同时，在会计信息化条件下，随着社会经济和财政政策制度的不断变化，相关法律知识、会计政策以及税收政策处于不断变动之中，中级会计人员应随时掌握相关法律知识、会计政策以及税收制度的增减和修改更新，随时掌握最新政策变动和经济形势。

(2) 中级会计人员能力评价内容

在经济全球化大背景下，中级会计人员胜任岗位工作所需的能力涵盖获得信息的能力、职业判断能力、分析与解决问题能力、组织协调能力。

（3）中级会计人员技能评价内容

在经济全球化大背景下，中级会计人员胜任岗位工作所需的技能涵盖业务技能与业务相关技能。专业技能借助对会计核算结果进行专业处理后，对公司的偿还能力、经营能力、获利能力、发展前景和现金流量等方面进行分析，从而预测公司未来资金状况，分析公司的筹资、投资以及资金的分配活动，并制订相应的计划，为公司的经营管理提供分析支持。

经济全球化大背景下，会计管理决策职能的扩大，要求中级会计人员在初级会计人员所掌握的专业相关技能的基础上熟练使用公司管理软件和会计软件外，还应熟悉公司业务流程，对公司业务有宏观的把握，有利于财务管理的进行。

（4）中级会计人才素质评价内容

在经济全球化大背景下，中级会计人员胜任本职工作所需具备的素质涵盖业务素质和道德素质。

在业务素质方面，首先，会计人员要树立新的信息观念，经济全球化大背景下信息的传递和获得更加快捷便利，越来越多的会计工作采用实时处理、在线管理，只有具有信息观念才能与此业务处理模式相适应。其次，会计人员要树立新的时间观念，互联网的不断发展要求会计工作从对事后的关注转变为面向未来的时间观念。最后，会计人员要树立信息质量观念，在经济全球化大背景下，社会各单位部门之间利用互联网实现信息的实时共享，大量的信息会不断地涌现，且这些信息都是处于变化之中的，只有借助对信息进行有力地辨识、过滤和加工，才能够得到有价值的信息，为公司的经营管理提供数据支持，实现预期目标。

在道德素质方面，中级会计人员应做到坚持准则、提高技能、参与管理决策、具有服务意识。

第一，坚持准则。要求会计人员在业务操作过程中，严格按照相关会计法律法规办事，不对账目进行违规处理。随着社会的发展，不断有新的经济形势、经济业务出现，准则也在不断地进行修改和完善，会计人员应不断掌握准则的动态，坚持准则，更好地为社会服务。

第二，提高技能。要求会计人员提高职业技能和执业能力，以便更好地胜任本职工作。在经济全球化大背景下，会计人员不仅要熟练掌握会计的基本技能和相关知识，还要掌握信息技术知识，熟练计算机操作技能、软件操作、网络技术等。同时，会计人员应具有不断学习的精神，信息技术的快速发展和会计理论的不断创新要求会计人员不断提高自己的业务技能。

第三，参与管理决策。到目前为止，会计信息系统已经从核算型转变为管理型，涵盖了产供销、人、财、物以及决策分析等公司经营管理活动的各个领域，并与管理信息系统中其他子系统有机融合，其内容已经超越了传统的核算，这就要求会计人员熟练运用会计信息系统，为决策者提供有价值的信息，积极参与公司的管理活动。

第四，具有服务意识。在经济全球化大背景下，会计信息的作用越来越突出，社会经济主体和社会公众对信息的获得和交流速度有了更高的要求，会计人员应有强烈的服务意识，为他们提供快捷、有效的信息和服务。

3. 高级会计人员胜任能力评价指标内容

（1）高级会计人员知识评价内容

在经济全球化大背景下，高级会计人员胜任本职岗位所需知识分为会计专业知识和管理相关知识。

第一，会计专业知识。高级会计人员除了需要掌握财务会计与报告、会计管理、税收、审计、财务管理等财会基础专业知识外，还需掌握财务战略、审计内控、风险管理、并购重组、财务控制等高等财务知识，高等财务知识是高等会计人员区别于其他会计人员特有的知识。在经济全球化大背景下，公司外部经济、业务环境复杂多变，高级会计人员需结合公司财务业务情况制定相应的财务战略。在市场经济条件下，风险无处不在。公司内外部环境处于不断变动中，造成风险的因素多种多样，对风险的影响也各不相同，所以高等会计人才需要加强对风险的管控。在经济全球化大背景下，公司之间的竞争日趋激烈，公司之间的并购重组时有发生，高级会计人员需掌握并购重组相关知识，以利于公司对别的公司进行并购重组或者对别的公司进行反并购重组，以保持公司的竞争优势。

第二，管理相关知识。在经济全球化大背景下，随着公司管理的现代化和信息化，高级会计人员作为公司的管理人员，需要掌握与现代公司管理与决策的相关知识，以匹配其管理职能，这些知识涵盖战略管理、公司治理、决策模型、管理学、目标管理法、价值管理、价值工程等。为了让公司积极应对外部环境的变化，高级会计人员还应对社会宏观经济、金融市场有一定的掌握，这就需要掌握经济学、金融学、财政学、宏观经济学、资本市场等经济金融知识。高级会计人员还应掌握公司法等与公司相关的法律知识和会计及与其相关的经济法律、法规和制度等。

（2）高级会计人员能力评价内容

高级会计人员应该掌握的能力分为分析决策能力、业务能力、组织领导能力以及沟通协调能力。

第一，分析决策能力。在大数据时代下，会计人才在管理决策中的角色权重加大，对高级会计人员来讲，首先，具备的就应该是分析决策能力，它要求高级会计人员运用各种信息，建立数学模型，使用推理演绎、抽象思维、批判性分析等手段对财务和决策进行分析。其次，它要求高级会计人员对信息进行分析之后，独立思考，判断机会和风险，然后借助使用战略性方法和建立决策模型来进行决策，最后参与决策的制定。

第二，业务能力。如今，高级会计人员需要根据公司具体业务情况把握市场经济的形势，在遵守会计准则的情况下，掌握会计的职业判断力。例如，如何对经济业务进行精准计算，采用什么表现手段，具体方法是什么，怎么控制成本、核算成本等。会计人员需要对以上情况进行判断和决策，高级会计人员需要一定的判断力来应对不断出现的新事物。现今公司的制度日趋完备，高级会计人员必须提升在公司内部组织和实施控制的水平，内部控制是现代公司管理的重中之重，同时也是高级会计人员的主要职责。现代公司一般借助内部控制的手段来进行深化改革、完善公司治理和运作机制，保持公司健康稳定发展。我们可以借助各种各样的途径和方法去获得信息，而且具有快速准确的特点，高级会计人员要熟悉公司财务信息，结合公司内外因素来分析判断，给公司的经营管理出谋划策。

第三，组织领导能力。身为公司的管理层，高级会计人员要锻炼领导能力，激励和发展员工潜能，做到组织和分解工作，可以设定目标、引导和影响员工效率等。公司管理人员还要有团队建设能力，为了快速完成工作，高级会计人员要做到管理资源、组织有战斗力的会计团队、规划和控制财务目标、控制交易流程、简化财务流程、建立高效会计核算系统、领导团队实施财务战略、实现财务功能远景。

第四，沟通协调能力。高级会计人员是管理者，在公司内部应该及时与公司管理层和公司内部员工进行有效的沟通，同时高级会计人员经常代表公司与社会其他组织展开沟通，因为沟通渠道的方便快捷，公司内部上下级之间、各部门之间、公司内外的沟通越来越频繁，所以高级会计人员要掌握与不同层次、不同背景的人书面和口头沟通的能力、演讲及谈判能力和说服他人的技巧。在进行这些沟通的同时，高级会计人员也要掌握协调与合作的能力，进行有效的沟通。所以，只有具备良好的沟通与协调技能、维护相关关系的能力才能做好财务工作。

（3）高级会计人员素质评价内容

视野素质、职业素质、职业道德是大数据时代下高级会计人员应该掌握的基本素质。

第一，视野素质。身为公司管理者，高级会计人员必须具备宏观方面的视野素质。具体来说涵盖以下几点：①政策视野。大数据时代下，社会经济发展迅速，国家经济政策随时会做出调整，所以高级会计人员也要密切关注会计政策变化，关注社会经济变化。②风险视野。即风险意识，在大数据时代下，机遇和风险并存，高级会计人员要合理使用各种金融工具以及管理手段规避风险、防范风险。③行业视野。公司之间的竞争十分严重，为保持公司的活力，高级会计人员需要熟知公司的经营发展方向、生产和经营模式以及在行业中处于什么样的地位，而且能够正确评估公司所在行业的机会和风险。

第二，职业素质。职业素质是保证完成工作的基础。高级会计人员的职业素质有三点：①坚韧果断的人格魅力。高级会计人员在做决策时，要做到勇敢果断，现在经济形势千变万化，机遇和挑战并存，这时候必须要鉴别机遇与挑战，做出正确的决策。②运筹帷幄、处变不惊、灵活应变的素质。如今公司内忧外患，一个高级会计要做到宠辱不惊，对于公司内外局势要做到心中有数。③相关政策理论水平。高等会计要具备一定的理论水平，提高自己的理论素质，多参加一些有关会计理论政策的研讨会。

第三，职业道德。无论在什么状态下，会计人才都要以职业道德为职业活动中必须遵守的行为准则。在职业道德水平方面，高级会计人员要比初级和中级会计人员高得多，因为高级会计人才所在的层次高，面对的诱惑压力也大得多，所以高级会计人员要在遵循职业道德规范的同时具备自律精神，涵盖以下方面。

首先，自律精神。作为公司的高层管理者，在面对诱惑和内部监督减少时，要正确行使自己的职权，做到遵纪守法。尤其是在大数据时代下，信息对公司以及利益相关者特别重要，虽然容易获取海量信息，但是重要机密信息的泄露变得不容易被察觉，所以高级会计人员要加强自律。

其次，遵守法规法律。在大数据时代下，面对纷繁复杂的经济业务，公司之间的关系变得错综复杂，在处理经济业务时，高级会计人员应该以法律为准绳，坚决拥护公司会计准则、证券交易法、公司法、会计法、税收法等相关法规以及相关的法律和规章制度。

最后，社会责任。在大数据时代下，信息渠道越来越快捷化和透明化，大众可以看到公司的重要决策信息、与公司财务决策相关的内容，涉及投资者、管理者等在内的很多人，高级会计人员要加强社会责任感，关注社会公众的利益。

第七章

大数据背景下高职会计教学改革创新的策略

随着国家"互联网＋"行动计划的积极推进，各行各业正努力在新一轮发展中抢占先机。高职会计教学更应该与时俱进，只有在转型中不断改进、创新教育教学，持续发展，才能培养出具有较强竞争力的高素质人才。

第一节　大数据背景下高职会计专业课堂教学实施策略

一、现代会计专业课堂教学方法

一般而言，传统会计教学方法是指按照学科线索和知识体系的内在逻辑关系，即从基础会计知识到专业（工业、流通业、金融保险业、服务业、事业单位、其他）会计知识，循序渐进，由易到难渐次展开学习。这种教学方法有其合理性，那就是逻辑严密，知识线索清晰，按部就班，逐渐掌握较为复杂且系统的会计知识。同时，为了巩固知识，辅之适当的技能训练（如学习凭证取得与填制方法、登账及更改错账方法、编制报表的方法等）。但是，在传统教学方法中，会计专业知识的掌握才是最根本的任务，技能训练其实只是为之服务的，处于相对次要的地位。

严格讲，就课堂教学而言，并无"传统"与"现代"之分，彼此间很难说泾渭分明，而是你中有我，我中有你。所谓"现代"，其实是对"传统"的改进，或者侧重点有所不同，即更加贴近企业会计实践活动要求和会计专业岗位能力需求而已。因而，现代会计专业教学方法更加注重工作过程和业务线索，而知识的系统性、逻辑性、连贯性则处于相对次要的地位。由此，技能训练显得突出重要。一切学习最终都是围绕会计工作过程、线索、环节展开的，学的目的是做，做的效果好坏，成为验证学的标准，技能训练效果即是否真正学会做账，并使之变成教学最为核心的工作任务。教完全为学服务，是为学提供指引、示范和帮助的一项工作，教师是学生的协作者、服务者，共同组成教学活动的双主体，师生关系不再是主客体关系或主辅关系，而是双主体关系。

二、互联网时代场景教学法的应用

（一）互联网场景教学法概述

互联网场景教学法是在互联网背景下会计课堂教学经常使用的方法。互联网场景教学法基于真实的会计工作场景，通过项目导向的角色模拟方式，将网络作为一个学习载体，规范、系统地培养专业技术人才，基于实际的工作内容，确定了各个阶段的培养目标、项目实战内容和培训课程内容。一般来讲，应该基于会计的工作经验，加强会计业务处理技能的培养，通过角色模拟的方式，不断拓展知识和技能，从而解决更高级的问题。这种教学方法极具现实性、可操作性、可复盘性，以工作过程为导向，以项目为引领，任务驱动以能力培养为主线，知识学习只为技能提高做准备和铺垫，因而在会计教学中有广阔的应用前景，可极大提高会计专业教学质量和会计专业人才职业岗位能力。

（二）互联网场景教学法在以工作任务为导向的课程体系中的应用

1. 设置工作场景

根据企业会计的实际工作流程和工作场景，结合已投入使用的软件项目，分析项目并分解任务，充分重视企业会计的工作任务环境。

2. 安排会计工作项目

所有的技能与知识点都是通过一个或多个项目组织起来的，通过可扩展的项目案例，学生能够逐渐学习知识与技能。所有的会计专业实践都是一项实践性很强的任务，学生通过实践，逐渐具备完成一项任务的能力。

3. 进行角色模拟

在实训过程中，学生通过真实的企业项目、企业工作流程和工具，模拟项目团队中的各个角色（会计、出纳、主管等），配合完成项目和任务，体验并掌握不同角色的工作技能和经验。

4. 实施任务分解

为了整个项目的顺利完成，不仅要掌握一定的概念，而且还要讲解一定的知识，整个项目被分成几个子任务，然后分析每个任务所需的知识、技能和质量要求，并通过完成任务进行内容的学习以及课程体系的设计。

5. 分享项目经验

通过模拟企业会计的实际工作场景，积累大量的实际项目经验，熟悉项目测试过程中常见的技术、流程、人员协作问题，并掌握一定的解决方案。

(三) 互联网场景教学法的应用效果

在实施场景教学法时，应该遵循从具体到抽象、从特殊到一般的规律来传授知识和技能，将在提升学生职业素质等多个方面产生明显效果。

1. 培养学生团队协作能力

在教学过程中，将学生分成几个小组，按照课程内容和教师的安排，每个小组通过技术讨论、实践操作等方式共同完成一项任务和项目。

2. 提高学生动手能力

为了扩展学生的知识面和思路，激励学生自主实践，通过实践和实际项目操作，培养学生举一反三的能力，有助于学生掌握会计业务处理的关键技术，为将来完成更大的项目积累丰富的经验。

3. 提高学生学习能力

通过项目训练、上机操作、在线学习和讨论，培养学生良好的自学习惯，并使他们掌握有效的自学方法和工具操作方法。

4. 全面提升学生职业素质

通过计算机操作、项目实践、课堂讨论、网上学习和互联网条件下的专业素质培训，学生可以从设定任务与目标、管理个人时间、团队合作与沟通等方面获得会计工作所需的专业素质培训。

第二节　大数据背景下高职会计
互联网教学模式实施策略

在知识已取代劳动力成为经济发展战略性资源的当今社会，经营、管理、技术的创新和发展，有赖于高素质的人才。高职教育作为人才培养和学术研究的重要阵地，承担着知识生产、传递和转换的重大责任。如何适应知识经济的需要，培养高智商、高情商的高素质会计人才，高等会计教育面临深层次、全方位的改革。

一、培养能力驱动型人才是互联网教学模式改革的重点

（一）能力素质是高素质人才培养的核心

高素质会计人才是指拥有高智商和高情商的优秀人才。智商是取得成功的先决条件，在意识方面，他们善于吸取"知识"、感悟"常识"，并且能够将它们融入实践中，学会跨领域思考问题。一般来讲，情商包括自我觉察、自我激励、自我控制等，环境和教育对一个人的情商有很重要的影响。所谓情商，即意味着具备正确的价值观和职业观，具备良好的沟通能力和明辨是非的能力。情商对智商的发挥起着决定作用，而健康、完善的智商是情商的源泉所在。

人才培养包括知识、能力、素质三个基本要素，我国高职教育经历了从重视知识传授到关注能力提升，再到注重素质教育的过程，逐渐构建起有知识、强能力、高素质并重的新型培养模式，这也是对教育本质的深刻认识。知识是人类认识世界与改造世界的智慧结晶，也是能力和素质的基础；能力是人们胜任某项任务的主观条件，是对知识的内化、转化、迁移、融合、拓展、创新水平和程度的高度概括，是知识和素质的外在表现；素质是指基于自然禀赋，通过后天环境的影响和主体对教育活动、社会实践的参与，形成的相对稳定和满足群体化要求的素养，素质的基本要素是知识和能力。未来

人才的素质差别，不仅表现在专业知识上，更表现在人才的专业能力和职业能力上，其中创新能力居于重要地位。会计专业学生不仅要有深厚的基础理论知识、扎实的专业技术知识，更要有较强的多层次的综合能力，这是衡量高等会计教育能否培养高素质人才的重要尺度。

会计教育的目的在于帮助学生掌握这种能力，而不仅仅是学习、传授会计知识。高等会计教育应该培养社会需要的高素质会计人才，并在培养学生的专业能力、职业素质方面有所作为，变知识驱动型目标培养模式为能力驱动型目标培养模式。

(二) 应用型人才具备的能力

对于普通高等院校来说，会计专业培养目标主要是应用型人才，要解决的是大多数学生的就业问题，培养学生的就业竞争力，把职业优势、就业优势、创业优势作为特色追求。会计专业学生既要面对学习，又要面对就业、家庭等方面的压力，需要各种职业发展能力支持。

1. 信息能力

信息能力，即个体在对信息进行有目的地搜集、鉴别、利用的过程中所具有的综合技能，是信息时代人们赖以生存、学习、工作的必备条件，也是会计人才素质结构中的一项基本能力要素。

会计工作的重要性不仅在于反映经济现象和描述经济行为，而且在于有效地查阅、提取和组织有用的信息，以解决复杂信息世界中存在的问题。

2. 表达能力

表达能力，即个体有目的地运用语言、文字等来准确表达自己的观点、意见、情感的一项技能。表达能力直接影响每一个人的生产生活质量，它成为会计专业学生必备的能力和素质。准确的表达能力是培育有效沟通能力的前提。

3. 沟通能力

沟通能力，是指在情感和价值取向等方面，个体与他人有效沟通以获得一致想法的社会能力。沟通是不同主体之间信息的正确传递，培养良好的沟通能力可以使一个人吸收与转化外界信息，理解和调节他人情绪，与他人合作，妥善处理内外关系。良好的沟通能够促进与他人和谐相处，创造性地解决好人际关系问题，是事业成功的重要条件。

会计作为国际通用的商业语言，企业利益主体的多元化，使会计工作处于内外错综复杂的关系中，只有在良好沟通下，才能提供准确、及时、有用的会计信息。会计工作岗位既分工明确，又相互联系，从凭证填制到账簿登记，从成本核算到财产清查，直至会计报表的编制，各环节紧密相连、互相承接，需要各会计岗位人员通力配合、团结协作、共同完成，才能发挥会计信息的沟通效能。

二、互联网时代会计专业教学模式的改革

（一）教学主体学生化

对于传统的会计教学理念而言，往往是以教师为中心的。教师不仅是一名导演，而且也是一名演员，而学生则扮演着观众的角色，学生在传统的教学模式下处于被动地位，课堂沉闷的气氛限制了学生创造性思维的发挥，分析和解决问题的能力较低。虽然大部分会计教师在教学时都能应用计算机多媒体技术，改变了会计教学的手段，然而却出现了一些新的问题，其中，由于教师减少了课堂的板书量，采用演示文稿的方式呈现课堂教学内容，这使学生的兴趣点发生了转移。

在互联网时代背景下，改革会计教学模式要先转变教学主体。在会计教学活动中，通过互联网技术使学生成为主体。教师扮演制片人和导演的角色，学生从最初的观众到现在的演员，逐渐实现了教学主体学生化。将以"传授知识为主"的课堂教学方式向以"解决问题为主"的课堂教学方式转变，也就是翻转课堂教学模式。这主要是通过互联网课程平台以微课程的形式发布会计教学的知识内容，在课余时间，学生可以通过观看视频实现自学。根据自己掌握知识的情况，学生可以自行控制学习的进度，如果没有学会，那么便可以一次又一次地学习，从而更好地实现自主和个性化学习。对于会计课

堂教学而言，也不再讲授知识性内容，而是不断提出新的问题，使学生通过已有的知识更好地解决问题，最终提高学生对知识点的应用能力。

课堂教学的重点在于帮助学生解决学习过程中遇到的困难与问题，提供给学生一些方法与思路以便更好地解决问题，由此可见，教师在这一过程中扮演着引导者的身份。通过以问题为导向的课堂教学模式，学生可以多阅读、多学习，只有这样，才能更好地解决问题。转变课堂教学主体能够在一定程度上激发学生的学习兴趣，从而更好地培养学生分析和解决问题的能力。

（二）学习情境混合化

在互联网时代背景下，学习情境更加混合化。学习空间不仅包括线上的课堂学习，而且还包括线下的自主学习。随着互联网技术的进一步发展和智能化电子产品的普及，学生的学习方式变得更加移动式和碎片化，只要有互联网的存在，学生就可以随时随地使用智能手机进行学习，这不仅提高了学生的学习效率，而且还丰富了学生的学习方式。

在同一节课上，一些学生可能在互相讨论，一些学生可能在自己看视频，还有一些学生可能在安静地看教材上的习题讲解，然而，学生的喜好对获取知识的方式起到了决定性作用。不管采用哪一种学习方式，目标都是一样的。这种学习情境的改变使学生的个性化学习需求得到了满足，不仅激发了学生的创造力，而且还培养了学生的创新思维。

（三）教学模式现代化

1. 构建知识体系

在会计教学模式改革中，要使学生的注意力得到提高，就要将课前自学的内容以微课的形式发布在课程平台上。这一形式使学生长时间不能集中注意力的问题得到了解决，同时也帮助学生获得了零散的知识。在课堂教学中，教师要完成的首要内容就是如何串联这些零散的知识点，复原这些零散的知识点，并根据会计学科的知识结构，构建一个完整的知识体系。一般可以通过思维导图或知识结构图。

在互联网时代，会计教学模式改革是一项长期的系统工程，在实施会计教学模式改革的过程中，可能面临新的问题出现，这就需要会计教育工作者不断探索和总结，最终寻求一个适合会计教学的新方式。

2. 有效管理翻转课堂

在会计教学模式改革的实践过程中，不能简单地将翻转课堂理解为让学生在课前观看微课视频学习，教师在课堂上负责答疑解惑。在翻转课堂中，教师应该扮演引导者的角色，应该"授之以渔"，而不应"授之以鱼"，必须注重培养学生的学习能力。因此，教师有必要在进行翻转课堂教学前做好课前、课中和课后的整理。

课前要精心设计学习任务单，在任务单中要明确学生线下学习需要完成的任务，如何解决学习中遇到的困难，如何奖励完成任务的学生，如何处罚没有完成任务的学生，只有这样，才能明确学生线下学习的目的。除此之外，教师必须及时发布课程资源，使学生拥有充足的完成任务的时间，课中要设计针对性案例，内化学生自主学习获得的知识。学生在教师的指导下，能够通过自己积累的知识解决问题，使学生在解决问题的过程中内化所学知识，通过一些问题和案例，学生可以建立自己的知识结构。课后要设计一个综合性案例来更好地实现知识迁移。学生学习知识主要是为了提高自己独立解决问题的能力，设计综合性案例可以在一定程度上培养学生独立分析和解决问题的能力，实现迁移需要。利用大数据分析的结果，辅助公司决策，从而提高自身的竞争力。因为会计专业和社会需求有着非常紧密的联系，所以会计专业人才培养的应用性导向十分明显，注重学生实践与应用能力，要想满足市场对人才的需求，就必须培养学生的知识迁移能力。

第三节　大数据背景下高职会计专业
网络教学资源的实施策略

随着计算机和网络技术的迅速发展，计算机和网络在会计工作中得到了广泛的普及。会计专业精品课程、会计学科专业网站等，在一定程度上丰富了会计学科的教学资源，增强了学生的学习自主性，并且提升了教学效果。但是不可否认的是，目前高职会计学科网络教学资源建设还存在一些问题，理应引起重视并加以解决。

一、会计专业网络教学资源的建设策略

（一）会计专业网络教学资源建设的意义和作用

首先，使用网络教学资源可以在很大程度上丰富会计专业的教学形式和内容。通过网络的形式，展现了大量的会计教学资源，改变了传统的"纸质教案＋多媒体课件"的教学资源匮乏状况，由此学生能够浏览、观看、下载更多的专业教学课件、视频等，丰富了会计学科的教学形式。除此之外，网络教学资源通过最便捷的途径将最新的信息及时呈现给学生，使学生能够快速获取最前沿的专业信息资源，使会计专业课堂内容不再受教材的局限，将师生的目光转向网络资源中最新的知识与技能，这将极大地丰富教学内容。

其次，建设和使用会计专业网络教学资源可以在很大程度上增强学生学习的自主性。培养学生自主性学习习惯是高职教育改革的一项目标，也就是说，要使学生从"应付学习任务"转变为"怀有愉快期望地主动学习"。目前，对于学生而言，网络是他们最感兴趣的一种媒介，通过使用网络教学资源，可以激发学生探究专业知识的欲望；通过网上讨论，可以培养学生思考问题的习惯；通过各种形式的互动式教学，师生不再局限于传统的"填鸭式"课堂教学模式，从而增强了师生之间的互动，促进了双方的主观能动性发挥，最终提高了学生学习的自主性。

最后，使用会计专业网络教学资源可以增强学生的专业技能。会计这一门学科具有很强的应用性，课堂学习只能教授专业知识的理论部分，不能很好地指导学生运用实践知识。网络教学资源的建设可以通过丰富模拟企业会计实践工作环境的"实践指导"模块，加强学生对会计知识的实际应用，使学生的专业技能得到提高。

（二）会计专业网络教学资源的建设策略

首先，以目标为导向构建会计专业的网络教学资源体系，整合现有的资源，逐步建设和完善。目前，会计网络教学资源比较分散，并且大部分都是由教师自建、自管、自用，没有进行统筹规划。所以，确定教学目标是建设网络教学资源的第一任务。理顺并整合已有的精品课程、网络课程、学科网站等，注意调整和删减专业主干课的重复部分，逐步增加和完善缺乏的专业选修课内容。与此同时，设置特色模块以供教师和学生进行调整，确保网络资源的共用和循环再用。

其次，提高教师的信息化水平。今天，随着信息化的快速发展，会计专业教师的信息化水平不仅对网络教学资源的建设水准起到了决定作用，还会对网络教学资源的使用效果造成一定影响。所以，通过培训和进修等来提高教师的信息化水平是非常有必要的，它可以提高网络教学资源的建设水准。除此之外，在使用网络资源时，应在现有的网络教学资源的基础上，引导教师调整和开发网络教学资源，通过网络资源这一手段提升教师的教学水平和教学能力。

二、基于互联网的会计专业教学资源库类型

（一）学习资源库

学习资源库为学生提供包括文本资料、虚拟实训内容、职业资格技能训练在内的自主学习素材，有助于实现学生的学习迁移目标。

（二）会计职业信息库

会计职业具有广阔的市场需求，各个行业都需要会计人员的参与，比如电商企业、餐饮业、旅游业、金融行业等。然而，行业的不同，对会计人员的专业知识侧重点也提出了不同的要求，并且对会计职业资格也提出了不同的要求。另外，会计从业人员还需要了解与自身权益有关的知识和法律法规。会计职业信息库应该包含企业信息、会计岗位描述等。

(三) 会计专业建设标准库

从传统制造业和服务业逐步升级到先进制造业和现代服务业，是国民经济转型的重要时期。其中，高职教育的一项目标就是培养优秀的会计人才，这就需要调查区域经济、行业发展和企业需求，并且还要制定相应的会计专业人才培养目标。

参考文献

[1] 伍伟. 大数据背景下高职大数据与会计专业教育创新发展研究[J]. 湖北开放职业学院学报,2022,35(10):22-23.

[2] 王译晨,杨域. 高职大数据与会计专业建设路径——产教融合背景下高职专业建设路径探索[J]. 山西青年,2022(20):67-69.

[3] 张诚明,李亚. 大数据战略下高职院校会计专业教学改革途径探析[J]. 灌篮,2020(33):160-161.

[4] 侯乐鹃. 基于大数据技术的高职管理会计体系创新路径研究[J]. 经济研究导刊,2020(25):116-117.

[5] 李锦舒. 财务共享背景下高职《管理会计》课程改革研究[J]. 财会学习,2021(27):173-174.

[6] 张桂春. 产教融合背景下高职大数据与会计专业实训基地建设的研究与实践[J]. 文渊(高中版),2021(3):37.

[7] 张崇友,郑君."金课"背景下基于知识图谱的"会计综合实训"课程教学研究[J]. 当代会计,2020(7):5-8.

[8] 黄佩虹. 移动平台下混合学习模式在中职会计教学中的应用研究[D]. 浙江:浙江工业大学,2020.

[9] 林玲玲. 高职财务会计类毕业生就业能力的调查与对策研究——以浙江省温州市为例[D]. 浙江:浙江师范大学,2016.

[10] 白天明. 老挝高等职业技术教育教学管理问题研究[D]. 广西:广西师范大学,2018.

[11] 胡梦. 江苏联合职业技术学院内部审计绩效评价研究[D]. 江西:华

东交通大学,2021.

[12] 吉宁. 动态平衡计分卡在高职院校绩效评价中的应用[D]. 江苏:江苏大学,2016.

[13] 程艳. 协同创新视角下高职会计一体化教学改革实践与研究[J]. 佳木斯职业学院学报,2019(11):237,239.

[14] 龙绪贵. 高职院校《成本会计》课程教学改革与创新研究[J]. 南方农机,2019,50(12):86.

[15] 周东柠. 协同创新视角下高职会计一体化教学改革实践与研究[J]. 江西电力职业技术学院学报,2020,33(8):48-49.

[16] 刘峥,范莹莹,蔡文芬. 高职院校会计专业人才培养模式创新与教学改革研究[J]. 中国校外教育,2011(11):136-137.

[17] 杨帆. 高职院校会计专业教学改革与创新发展研究[J]. 财会学习,2020(4):205,207.

[18] 周晓."1+X"证书制度下高职大数据与会计专业教学改革研究[J]. 华东纸业,2022,52(9):95-97.

[19] 高玉莲. 高职高专基础会计学教学方法的改革与创新[J]. 科技信息,2009(25):219,256.

[20] 韩芳."互联网+"时代高职会计教学模式的改革与创新研究[J]. 时代金融(下旬),2017(2):264-265.

[21] 常向煦. 基于RPA的财务机器人背景环境下普通高职院校会计专业基础课教学改革与研究[J]. 商业经济,2022(10):194-196.

[22] 孙丽冬. 内蒙古高职院校会计专业人才培养模式创新与教学改革研究[J]. 现代经济信息,2019(9):447.

[23] 赵诗情. 基于"双创"能力培养的高职会计专业教学改革与创新研究[J]. 财会学习,2018(35):210,212.

[24] 罗婷. 高职院校成本会计课程教学改革与创新研究[J]. 金融经济(理论版),2017(8):170-171.

[25] 刘赛.创新人才培养模式下的高职会计教学改革研究[J].考试周刊,2017(60):53.

[26] 陈玲晖.创新创业背景下高职管理会计教学改革研究[J].科学咨询,2020(6):54-55.

[27] 姚琳,刘羽天.高职院校会计综合实训教学改革研究——基于创新创业视角[J].现代商贸工业,2020,41(32):138-139.

[28] 周瑶."互联网+"时代高职院校管理会计教学改革创新研究[J].中国乡镇企业会计,2019(9):222-223.

[29] 徐小女."课程思政"视角下高职院校大数据与会计专业课程教学改革研究[J].长江丛刊,2023(3):217-219.

[30] 鞠言."互联网+"时代高职院校会计教学改革与创新研究[J].中外企业家,2021(15):225.

[31] 任春华."互联网+"时代高职会计教学模式的改革与创新研究[J].商业故事,2018(27):206.

[32] 唐李昶.校企"双元"育人机制下高职会计专业实践教学体系的改革研究与实践[J].南方农机,2020,51(8):115.

[33] 陈丽君.融合工匠精神的高职会计专业教学创新路径与策略研究——基于校企双主体合作视角[J].商业会计,2019(4):114-116.

[34] 郑梅青,刘舒叶,严玉康.新时代高职会计专业新型育人模式的研究与实践——以上海东海职业技术学院教学改革为例[J].职业技术教育,2021,42(17):25-29.

[35] 杨义藩,王杰,王文颖.微课与案例教学有效结合在高职院校管理会计教学创新改革中的应用研究[J].四川职业技术学院学报,2020,30(3):151-156.

[36] 谭函梅.创新创业背景下高职会计专业综合实训课程教学改革研究[J].市场观察,2020(10):41.

[37] 王韬,刘其岳.高职院校中外合作办学改革与创新研究——以兰州

石化职业技术学院"管理信息系统"课程教学为例[J]. 创新创业理论研究与实践,2022,5(3):85-87.

[38] 韩潇. 基于岗位技能的高职微课教学改革与研究——以基础会计课程为例[J]. 现代职业教育,2019(21):4-5.

[39] 叶玉雯. 高职院校会计专业人才培养模式创新与教学改革研究[J]. 新教育时代电子杂志(学生版),2022(17):192-195.

[40] 刘世云,魏文兰. 高职会计专业 PCCC-CDIO 人才培养模式改革与创新研究[J]. 价值工程,2017,36(1):58-60.

[41] 张芳倩,李桂芹,牛大山,等. 智能终端下高职会计学课堂教学创新路径研究[J]. 当代会计,2021(12):149-151.

[42] 职慧. 高职院校会计课程教学改革创新研究[J]. 新丝路,2021(30):113-114.